Allegria

Die Autorin

Jana Haas wurde in Russland geboren und lebt heute in Deutschland. Von Kindheit an hat sie die Gabe der Hellsichtigkeit. Sie kann die geistigen Welten genau so deutlich sehen, wie die materielle Welt. Sie sieht Engel, Naturwesen und Verstorbene und kommuniziert mit ihnen. Ihr Wissen ist nicht angelesen, sondern Sie erhält es ausschließlich über ihre Hellsichtigkeit, von Gott und den Engeln. Mit dem Wissen, das ihr auf diese Weise zuteil wird, klärt sie die Menschen über die geistigen Welten und das Wirken der lichtvollen geistigen Wesen, den Engeln auf.

In ihrem Cosmogetic-Institut in Herdwangen-Schönach, in der Nähe des Bodensees gibt sie in Seminaren und Lehrgängen ihr Wissensgut weiter und lehrt die Teilnehmer, selbst in Kontakt mit der lichtvollen geistigen Welt zu treten.

Durch Bücher, Kongresse, TV und Presse ist sie einem großen Publikum bekannt geworden.

Von der Autorin sind in unserem Hause erschienen:

Fragen an Gott und die Engel
Engel und die Neue Zeit
Engel-Karten (Kartendeck)

Jana Haas

Fragen an Gott und die Engel

Wie uns Gottes Weisheit und Antworten der Engel im Alltag helfen

Ullstein

Besuchen Sie uns im Internet:
www.ullstein-taschenbuch.de

Allegria im Ullstein Taschenbuch
Herausgegeben von Michael Görden

FSC
www.fsc.org
MIX
Papier aus verantwortungsvollen Quellen
FSC® C014496

Ullstein Taschenbuch ist ein Verlag
der Ullstein Buchverlage GmbH, Berlin.
Originalausgabe
1. Auflage November 2011

Umschlaggestaltung: FranklDesign, München
Titelabbildung: Beatrice Hinder
Lektorat: Marita Böhm
Satz: Keller & Keller GbR
Gesetzt aus der Baskerville
Papier: Pamo Super von
Arctic Paper Mochenwangen GmbH
Druck und Bindearbeiten:
GGP Media GmbH, Pößneck
Printed in Germany
ISBN 978-3-548-74532-9

Inhalt

Vorwort

Liebe, das göttliche Geschenk und der Sinn des Seins.

Der Lebenssinn, der eigentliche und tiefe Sinn des Lebens in den unzähligen, sich wiederholenden Inkarnationen, ist die stetige Entwicklung der Seele hin zur Weisheit und bewertungsfreien All-Liebe, dem gottähnlichen Zustand.

Deshalb ist es wichtig, gerade in der heutigen Zeit, wo uns die Seelenkräfte, wie niemals zuvor, verstärkt zur Verfügung stehen, sich intensiv mit dem Thema Liebe und Selbstliebe auseinanderzusetzen. Denn »man sieht nur mit dem Herzen gut«, und die Herzenssprache ist an die Eigenliebe gekoppelt.

Liebe, ein kurzes Wort aus zwei Silben und fünf Buchstaben und doch so schwer zu definieren. Zu tiefem und wahrem Liebesempfinden ist auf unserer Erde nur der Mensch als das dem Gott ähnlichste Wesen befähigt. Für solche Empfindungen ist ein Hirnareal, das limbische System, zuständig. Viele Tiere besitzen dies zwar ebenfalls, aber es macht sie nicht so liebesfähig wie den Menschen. Echsen, die nur mit einem Instinkthirn ausgestattet sind, können keine Liebe empfinden.

Doch was ist nun Liebe?

Jeder wird darunter etwas anderes verstehen. So findet man bereits in den verschiedenen alten Kulturen viele Beschreibungen und Einteilungen der Liebe. Zu allen Zeiten haben sich Philosophen und Religionen, später auch Psychologen und Soziologen und andere mit dem Thema Liebe auseinandergesetzt und sie in mannigfaltige Formen aufgeteilt.

Ich nenne hier nur andeutungsweise die ursprüngliche abendländische Auffassung der Liebe, die auf der Dreiteilung von Platon basiert und in der Philosophie der Antike weiter ausgebaut wurde.

EROS = sinnliche, erotische Liebe, Leidenschaft, Begierde und Besitzwunsch des geliebten Objekts, ebenso der Wunsch des Geliebtwerdens.

PHILIA = Liebe auf Gegenseitigkeit, Freundesliebe, beidseitiges Verstehen und beidseitige Anerkennung.

AGAPE = selbstlose Liebe, auf das Wohl des anderen bezogen, Nächstenliebe.

Bis zur heutigen Zeit wurden diese Grundformen der Liebe immer weiter unterteilt, und es kamen neue dazu.

So differenzieren wir heute die Liebe in viele Facetten, wie die Liebe zum Partner, zur Familie, zum Kind, Elternliebe, Nächstenliebe, Tierliebe, Liebe zur Natur, Liebe zum Beruf usw.

In den monotheistischen Kulturen (der Glaube an einen Gott) kam noch die Gottesliebe hinzu, die Liebe Gottes zu seiner Schöpfung und hier insbesondere zum Menschen.

Die All-Liebe, oder universelle Liebe, ist nicht an ein Objekt gebunden. Hier wird Liebe als bedingungsloses »Herzöffnen« verstanden. Wenn sie dann noch dauerhaft vollständig beurteilungsfrei vollzogen wird, entspricht sie dem Ziel des Lebenssinns.

Was immer wir unter dem Begriff Liebe verstehen, wir werden sie niemals in ihrer wundervollsten Form begreifen und erfahren können, wenn wir nicht uns selbst als den Mittelpunkt unseres individuellen Kosmos erkennen. Dies bedeutet in erster Linie die Erkenntnis, dass wir im Ursprung geistige Wesen und hier auf der Erde inkarniert sind, um uns über die Materie und den Austausch mit den Mitmenschen wahrzunehmen.

Wir können im Himmel die schönste Seele, das schönste Licht sein, aber wir können uns dort nicht wahrnehmen. Zu diesem Zweck, welcher der geistigen und seelischen Weiterentwicklung dient, inkarnieren wir von Zeit zu Zeit auf dieser Erde. Was wir uns aus dem Jenseits als Aufgaben für dieses Leben, für unser persönliches Vorankommen, vorgenommen haben, was aber von der geistigen Welt wieder verschlossen wurde, nennt man den »Lebensweg«. Hierbei handelt es sich um ein individuelles Thema, im Vergleich zum Lebenssinn. Der Sinn des Lebens ist für alle Menschen gleich, er liegt in der Weiterentwicklung hin zur bewertungs- und verurteilungsfreien, allumfassenden Liebe.

Wir sind also in allererster Linie hier auf dieser Erde, um uns selbst wahrzunehmen und in der Erfüllung unseres Lebenssinns voranzukommen. Wir sind nicht angetreten, um anderen Menschen zu gefallen oder ihnen das Leben zu erleichtern beziehungsweise ihnen zu dienen. Es versteht sich in unserem christlichen Verständnis von selbst, dass wir da, wo unsere Hilfe benötigt wird, uns liebevoll für unsere Mitmenschen einsetzen. Primär sind wir aber für uns selbst, für unsere eigene Wahrnehmung und Entwicklung hier auf dieser Erde.

Aus dieser Sicht sollte es eigentlich selbstverständlich sein, dass wir uns selbst als den für uns wichtigsten Menschen auf dieser Welt betrachten sollten. So, wie wir Gott nur in uns selbst und niemals im Außen finden können, verhält es sich auch mit der Liebe. Wenn wir die Liebe zu uns selbst als die wichtigste Voraussetzung sowohl für ein erfülltes Leben als auch für einen erfüllten und liebevoll geprägten Austausch mit den Mitmenschen erkennen, können wir eine bedingungslose Liebe erleben.

Eine Liebe ist dann erfüllt und grenzenlos, wenn sie als wunderbare Resonanz zu der in uns selbst angelegten und vorhandenen Liebe erfahren wird.

Wahre Liebe ist formlos, erfüllend und freilassend und schafft Geborgenheit.

Die Angst, als Gegenspieler der Liebe, braucht Kontrolle, Zwänge und Begrenzungen, denn dies erschafft dann eine vermeintliche Sicherheit.

So kann es durchaus des Öfteren geschehen, dass die Forderung an andere gerichtet wird, sie mögen sich doch bitte schön dahingehend entwickeln und verändern, dass sie in ihrer Betrachtungsweise des Weltgeschehens sich unserem Blickpunkt anpassen und somit zu den gleichen Resultaten und Erkenntnissen gelangen wie wir selbst. So würde dann einem wunderbaren, harmonischen und liebevollen Zusammenleben nichts mehr im Wege stehen, wenn der andere es nur wolle.

Hierbei handelt es sich um ein kontrollbehaftetes und bedürftiges Harmoniestreben zu unseren Bedingungen.

Dem gegenüber steht die Betrachtung allen Seins aus dem liebevollen und vertrauensvollen Herzen, aus der eigenen Selbstliebe heraus. Wir können die Welt in uns und um uns herum nur verändern, wenn wir auf jegliche Form der Bewertung des Gegenübers verzichten und jeden Menschen liebevoll als individuellen Kosmos in seinem Sosein akzeptieren.

Zugegeben, gerade dies ist besonders in unserer Gesellschaft schwierig. Ich denke, es ist sinnvoll, einmal unsere kulturellen Wurzeln und sozialen Formen zu betrachten. Die familiären Strukturen, also die Form der Ehe, entstanden im Ursprung aus einem zweckgebundenen Hintergrund. Sie sichert die gegenseitige Versorgung und die Erziehung der Kinder.

In unserer Kultur setzte sich vor ca. 500 Jahren endgültig die Monogamie durch. In Afrika zum Beispiel könnte sie das Überleben der Familie nicht sicherstellen. Dort reichen in manchen Gegenden oftmals auch die polygamen Beziehungen nicht zur Sicherstellung des Überlebens aus, sondern es sind noch größere verwandtschaftliche Gruppierungen notwendig, die sich gegenseitig unterstützen und die Familie mitversorgen, wenn zum Beispiel deren Ernte vernichtet wurde.

Bei uns, mit unserer sozialen Absicherung, ist sicherlich die Monogamie die beste Form des Zusammenlebens. Doch auch einmal geschaffene Lebensformen verselbstständigen sich und entwickeln eine Eigendynamik. So waren die Menschen bis Mitte des 20. Jahrhunderts in Großfamilien, Dorfgemeinschaften, Nachbarschaftszusammenhalten u. Ä. noch aufeinander angewiesen. Diese Strukturen existieren nicht mehr. So sind wir aus der monogamen Ehe mit großem (in früheren Zeiten auch überlebensnotwendigem) menschlichem Umfeld in die, laut Bornemann, isolierte Monogamie gelangt.

Durch das soziale Netz benötigt der Mensch keine Gemeinschaft mehr zur Existenzsicherung. Diese isolierte Monogamie bedeutet nun, dass wir meist nur noch unseren Sexualpartner, unsere Kinder und oftmals noch die Eltern mit Vertrauen an uns heranlassen. Zu den anderen Menschen, selbst zu unseren Freunden, halten wir einen größeren Abstand, was uns allerdings innerlich wiederum isoliert und traurig stimmt.

Während in polygamen Beziehungen die Familie den einzelnen Mitgliedern Sicherheit gibt, bleibt jedes der Familienmitglieder in sich selbst ein Individuum.

In unserer Kultur, in welcher der Glaube an die Materie den spirituellen Zugang mehr und mehr verdrängte, bestimmen meist andere Aspekte die Partnerschaft.

Jeder Mensch trägt eine tiefe Sehnsucht in sich, es ist die Sehnsucht nach seinem geistigen Ursprung, und sie kann auch nur über die geistige Anbindung gestillt werden. Hätten die Menschen diese Sehnsucht nicht, so wären sie nicht suchend und die Religionen hätten keine Existenz. Diese verborgene, tief sitzende innere Sehnsucht ist im Ursprung für die Religio, also die geistige Rückbesinnung, ursächlich. In unserer isoliert monogamen Kultur mit ihrer Materiegläubigkeit hat sich nun ein fataler Trugschluss eingeschlichen, nämlich der Glaube, dass diese tiefe Sehnsucht von einem Partner befriedigt werden könne.

Finden über die Verliebtheitsphase zwei Menschen zueinander, die zusammenleben möchten, so entsteht meist eine ungute »Grenzüberschreitung«. Während im Moment des Kennenlernens sich zwei unterschiedliche Individuen gegenüberstehen, so gehen sie beim Zusammenleben häufig vom jeweiligen »Ich« ins gemeinsame »Wir«. Dagegen wäre im Prinzip nichts einzuwenden, wären da nicht unsere im Unterbewusstsein schlummernden Sehnsüchte und melancholischen Bedürfnisse.

Diese melancholischen Bedürfnisse, ganz gleich, in welcher Form sie zutage treten, können zu einem großen, sogar zum größten Hindernis einer Liebesbeziehung werden. Unter dem Motto »Ich liebe dich so sehr, viel mehr als mich selbst« oder »Ich kann doch ohne dich nicht leben« verlieren viele Menschen ihre Individualität und ihre Abgrenzung. Aus den eigenen sehnsüchtigen Bedürfnissen entstehen dann Forderungen. Jetzt soll der beziehungsweise die andere mir doch bitte schön die Liebe und Anerkennung geben, die mir meine Mutter, mein Vater in meiner Kindheit verweigert haben. Der andere soll mich verstehen, soll mich umsorgen, soll mich leben. Gelingt ihm dies nicht, versteht er meine Bedürfnisse nicht, was vermeintlich dann immer am anderen liegt. So kommt es zur Trennung, oder es ist eine Koabhängigkeit entstanden, die wiederum eigene Probleme mit sich bringt.

Die gesunde Eigenliebe, hier ist selbstverständlich nicht der falsche Egoismus oder Narzissmus gemeint, und das Wissen über Gott und die Schöpfung sowie die innere Verbundenheit mit der geistigen Welt können so etwas verhindern.

Wenn die Menschen lernen, sich selbst als ihren Mittelpunkt des Lebens zu sehen und das Gleiche dem Partner, den Kindern, Eltern und Mitmenschen zugestehen, wenn die Menschen begreifen, dass es so viele individuelle Standpunkte und Betrachtungsweisen gibt, wie es Menschen auf der Erde gibt, dann können wir frei und verständnisvoll miteinander umgehen, dann fühlen wir uns nicht zurückgedrängt oder verletzt.

Über die Liebe zu uns erwacht die Liebe zur Schöpfung und den Mitmenschen.

Die Partnerschaft wird zu einer wunderbaren Resonanz der Liebenden auf ihre jeweils in jedem Einzelnen vorhandene Liebe.

Schenken und erlauben wir uns selbst immer mehr Liebe und Wertschätzung, resonieren wir über unsere Liebe auf die Liebe im anderen und erschaffen wir uns so eine liebevolle Welt.

So bringen wir bedingt durch unser Glück und unsere Liebe auch mehr Liebe auf diese Erde und werden unserem Lebenssinn gerecht.

Werner Wider

Herdwangen-Schönach, September 2011

Einleitung

Liebe Leserinnen und Leser, dieses Buch entstand aus den Fragen im Rahmen meiner Vortrags- und Seminartätigkeit. Es ist eine Sammlung der interessantesten und wichtigsten Fragen, welche die Teilnehmer an meinen Veranstaltungen im Laufe der vergangenen acht Jahre an mich stellten. Zur Beantwortung der Fragen schaute ich mittels meiner angeborenen Hellsichtigkeit in die geistigen Welten und beobachtete hierbei, welcher Engel sich meldete. Je nach Kategorie der Frage zeigt sich ein zuständiger Engel. Dies kann ein Erzengel, Zukunftsengel, Schutzengel etc. sein. Manchmal werde ich auch an eine »höhere« Dimension verwiesen. Der entsprechende Engel erklärt die Frage derart, dass er entweder eine entsprechende himmlische Dimension öffnet und auf die Lösung zeigt oder mit Symbolen, Bewegungen, Gestik, Farbe und Stellung sich mitteilt. Eine phonetische Sprache gibt es in der geistigen Welt nicht. Wenn ich die Frage an Gott stelle, so befinde ich mich in einer ganz anderen Sphäre. Während Engel überschaubare Wesenheiten sind (selbst überdimensionale, weltumspannende Erzengel können sich dem Einzelnen in überschaubarer Größe zeigen), so handelt es sich bei Gott um ein unendliches Licht und eine unendliche liebevolle und schöpferische Kraft, die den gesamten Kosmos ohne Anfang und ohne Ende in seiner ganzen Unendlichkeit durchdringt. Gott ist perfekt, und die Schöpfung ist perfekt. Wenn man zu Gott geht, in dieses unendlich gütige, warme und liebevolle Licht, spürt man voller Vertrauen sich mit der tiefen Empfindung der Liebe und des Behütetseins konfrontiert. Die Information ist: Alles läuft lichtvoll nach dem göttlichen Plan und ist perfekt. Detailinformationen sind hier nicht erhältlich.

Wie spielt sich also ein Interview, ein Gespräch mit Gott ab? Das höhere Selbst verbindet sich mit einer sehr hohen Dimension, die wiederum direkt mit dem Göttlichen verbunden ist und in der alles Wissen vorhanden ist. Die Menschen nennen diese Dimension auch gerne Akasha-Chronik, die mit allem korrespondiert. In dieser Dimension, in diesem Himmel, werde ich auf die Antwort hingewiesen. Dies bedeutet, alle Gespräche mit Gott finden auf dieser Ebene statt, von der das höchste Wissen dann vermittelt wird! So habe ich auf alle an mich gestellten Fragen aus dem Himmel die Antworten erhalten. Einige Fragen musste ich von mir aus intellektuell beantworten, wie zum Beispiel zeitliche Begriffe, Beschreibungen der lichten Wesenheiten usw.

Ich wünsche, dass dieses Buch Ihnen helfen möge, die eine oder andere Unsicherheit in Ihrem geistigen Weltbild zu hinterfragen und eventuell sogar zu beseitigen.

Fragen werden immer bleiben, denn der gesamte göttliche Plan und das unendliche Wissen sind mit unserem an Raum und Zeit gebundenen Denkvermögen nicht zu erfassen.

Dass das All unendlich ist und es unzählige Sonnensysteme mit all ihren Planeten gibt, ist für die meisten Menschen zwar verwunderlich und schwer vorstellbar, aber es wird kaum angezweifelt, da es von der Wissenschaft so vorgegeben wird und damit »bewiesen« ist.

Hierbei handelt es sich um die Betrachtung der Materie im unendlichen Kosmos.

Dass auch Gott, die Schöpfung und das Leben, sogar das Wissen unendlich sind, ist nun schwieriger zu begreifen, da das, was außerhalb der Materie liegt, zwar über die Sensibilität, über das emotionale Herz wahrgenommen werden kann, aber mit den Möglichkeiten der heutigen Wissenschaft nicht nachweisbar ist. Auch die Existenz der Seele wird aus diesem Grund von der modernen Wissenschaft geleugnet.

Jede Sonne hat ihren festen Platz, und jeder Planet kreist auf einer exakt festgelegten Bahn, alles unendlichfach, alles ist vollkommen und perfekt und alles hat einen tiefen Sinn im schöpferischen Plan.

Das Sein des Menschen und die sich immer und immer wiederholenden Inkarnationen haben genauso einen tiefen Sinn im göttlichen Plan.

Auch die menschliche Entwicklung auf der Erde läuft auf einer vorgegebenen, mit dem freien Willen vorgenommenen Bahn. Je näher wir uns daran bewegen, desto reibungsloser und leichter verläuft unser Leben.

Die Entwicklung des Menschen strebt stets zum Licht und zur Liebe. Der Lebenssinn liegt in der inneren Entwicklung zur überpersönlichen göttlichen Liebe. Dazu sind viele irdische Erfahrungen, Erkenntnisse und vor allem Gottvertrauen und auch Eigenliebe erforderlich.

Dafür benötigt die Seele eine große Zahl menschlicher Erfahrungen in der Resonanz der Materie. Wir können die schönste Schwingung, das schönste Licht im Himmel sein, aber wir können uns dort nicht wahrnehmen. Dazu benötigen wir einen materiellen Körper und den Intellekt, um uns im Umgang mit dem Umfeld, den Mitmenschen und mit uns selbst zu begreifen.

Wir sind nicht auf dieser Erde, um völlig problemlos das Leben zu feiern, sondern um die auftretenden Probleme liebe- und verständnisvoll zu lösen. Nur über die materiellen Erfahrungen können wir uns wahrnehmen, wie auch Gott sich über die Schöpfung wahrnimmt.

Der Mensch ist also ein geistiges Wesen, das auf der Erde Erfahrungen sammelt.

Viele Menschen nehmen ihre geistige Anbindung wie auch die geistigen Wesenheiten, die uns umgeben, nicht mehr wahr und werden materie- und wissenschaftsgläubig. Andere bewahren sich ihre Sensibilität und können das Leben jenseits der Materie erkennen, teilweise sogar sehen. Zu allen Zeiten gab es Menschen, die diese Welten beschrieben haben, und diese Beschreibungen ähneln sich alle. Man darf sich an dieser Stelle auch einmal Gedanken darüber machen, wie wohl die alten spirituellen Schriften, zu denen zum Beispiel auch die Bibel gehört, entstanden sind.

In früheren Zeiten, in denen die menschlichen Wahrnehmungen noch nicht so sehr vom Intellekt überlagert waren wie in der heutigen Zeit, hatten die Menschen noch einen wesentlich stärkeren Bezug zu den geistigen Wesen. Ich denke dabei auch an die Märchen, die etwa die Gebrüder Grimm von Zwergen, Riesen, Trollen und vielen anderen Naturwesen aus dem Volk zusammentrugen.

Die für den einzelnen Menschen zunächst »wichtigsten« Geistwesen sind die Engel, und hier steht an allererster Stelle der Schutzengel. Jeder Mensch hat einen persönlichen Schutzengel, der ihn durch das gesamte Leben und darüber hinaus begleitet. Dieser Engel ist immer, zu jedem Zeitpunkt, bei ihm. Er heißt Schutzengel, weil er die Lebensaufgaben und den Lebenssinn behütet und den Menschen mit sanften Impulsen durch dessen Sensibilität, über das emotionale Herz, berührt. Während die Schutzengel einen persönlichen Dienst am Menschen leisten, haben die Erzengel übergeordnete Aufgaben an der gesamten Menschheit.

Es gibt noch unzählige lichtvolle Engel für die unterschiedlichsten Aufgaben. Ich beschreibe von ihnen hier nur als ein anschauliches Beispiel die »Sterbeengel«, die der Seele nach dem Ableben beistehen. Sie werden bei uns im Volksmund auch oftmals als »Sensenmann« bezeichnet, und tatsächlich tragen sie auch symbolisch eine Art scharfes Werkzeug bei sich, das man mit einer Sense vergleichen könnte. Sie haben die Aufgabe, mit dieser »Sense« alle vorhandenen Emotionen, alle energetischen Fäden zu den Hinterbliebenen und zum Vergangenen zu durchtrennen, damit die Seele frei und losgelöst in die neue Dimension eingehen kann. Es handelt sich also auch hierbei um liebe- und lichtvolle Engel mit einer großen und wichtigen Aufgabe am Menschen, und es gibt keinen Grund, sie zu fürchten.

Neben den Engeln für die hohen Aufgaben an den Menschen gibt es auch Lichtwesen für die Fauna und

Naturwesen für die Flora. So hat zum Beispiel jeder Baum seinen Baumgeist, der Berg seinen Berggeist, die Tiere einen übergeordneten, ihrer Art entsprechenden Schutzengel, an der Erde arbeiten die Erdwesen wie Zwerge, Feen, die Gewässer haben ihre entsprechenden Wasserwesen usw. Alles ist von Gottes Licht durchzogen, alles ist beseelt.

Jeder Mensch kann diese beseelten Welten, diese lichtvollen Wesen wahrnehmen. Dazu ist es jedoch notwendig, dass wir uns unserem Herzen öffnen, unseren feinen Instinkten und Wahrnehmungen, unserer Intuition wieder mehr vertrauen und die intellektuelle Erfassung zurückstellen. Ich weiß, dass dies in der heutigen Zeit mit unserem ausgeprägten Großhirn und mit unserem gigantischen intellektuellen Wissen keine so leichte Aufgabe ist.

Und doch ist diese geistige Welt genauso vorhanden wie die Materie, die durch die moderne Wissenschaft in rasantem Tempo bis in die kleinsten molekularen Strukturen immer mehr und mehr erforscht wird, und doch wird sie niemals von der Menschheit ganz verstanden werden. Materie ist letztendlich die maximale Verdichtung der Energie, deren genaue Strukturen niemand kennt. Auch dies ist bewiesen, auch wenn es noch nicht in jedes Bewusstsein eingedrungen ist.

Das Wissen um die geistigen Welten, um die höhere Führung und deren Akzeptanz steigert das Urvertrauen. Hieraus erwächst die Sicherheit, dass alles, so wie es ist, vollkommen und richtig ist und dass wir selbst, so wie wir sind, ebenfalls vollkommen und perfekt sind. Wir treffen dann unsere Entscheidungen, privat wie auch beruflich, nicht mehr nur aus dem Intellekt, sondern lassen auch die Emotion mit einfließen. Über das große Gefühl des Vertrauens zu uns selbst und in unsere geistigen Wurzeln geraten wir immer mehr in die Resonanz des Positiven. Unsere Vorhaben können mehr und mehr gedeihen und unsere Wünsche sich verwirklichen. Dem Menschen, der sich unbeirrt vertrauens- und liebevoll auf diesem Weg befindet, steht das gesamte Wissen des Universums zur Verfügung.

1 Gott und Engel

In unserer Kultur leben wir nach der monotheistischen Lehre, also dem Glauben an einen Gott. Andere Kulturen reden von Göttern. Was ist nun richtig: ein Gott oder viele Götter, und worin besteht der Unterschied?

Im Monotheismus, der Lehre an einen Gott, ist Gott die schöpferische Quelle, die für die Menschen als reine Liebe erlebbar ist. Dies entspricht somit einer einzigen Quelle, die den gesamten Kosmos erschaffen hat und mit unendlicher Liebe und Güte alles bis in die Zellebene durchdringt.

Der Glaube an mehrere Götter, also Polytheismus, ist die Darstellung der Energie in Form von Elementen und Eigenschaften, die uns die Wahrnehmung des Lebens ermöglichen. Diese sind unzählig und vielseitig und entsprechen somit nicht dieser einen schöpferischen Quelle.

Es gab auch in der alten griechischen Mythologie sogenannte »Götter«. Diese hatten jedoch eine andere Bedeutung. Es handelte sich um eine andere Zeit, in der das individuelle Bewusstsein des Menschen noch nicht so weit entwickelt war. Bei diesen »Göttern« handelte es sich um geistige Wesen, die ein eigenes Ego besitzen, um dem grobstofflichen Menschen möglichst gleich zu sein und um ihm auf ihre Weise den Weg in die geistigen Bereiche aufzuzeigen. Heute haben sie jedoch keine Aufgabe mehr gegenüber der Menschheit, da diese mittlerweile selbst Kontakt zu den feinstofflichen Sphären aufbauen kann.

Wann ist die Bezeichnung »Gott« entstanden?

Das Wort »Gott« kommt sprachlich aus dem Germanischen beziehungsweise Indogermanischen: guda/ghau, bedeutet so viel wie Anrufung. Demnach ist Gott »das angerufene Wesen«. Ursprünglich war das Geschlecht Gottes neutral, es hieß »das Gott«. Die Bezeichnung des männlichen Christengottes wurde nach der Christianisierung verwendet. Seither heißt es »der Gott«.

Wie sieht Gott aus?

Die göttliche Energie ist ein unendliches, alles durchdringendes und dabei zutiefst gütiges weißes Licht. Dieses Licht strahlt Schöpferkraft, also Stärke und Selbstverständlichkeit, aus und vermittelt einen friedvollen inneren Zustand, in dem alles in Ordnung ist, so wie es ist.

Wo befindet sich Gott?

Gott befindet sich über allen himmlischen Hierarchien. Gott ist das Absolute und in allem und überall. Für die Wirkungsfelder an der Erde entfaltet sich Gottes Schwingung in erschaffende (männliche) und hingebungsvolle (weibliche) Energie. Der Begriff »Vater« entspricht der männlichen Energie und beinhaltet die Schöpfung und das Wissen. Die weibliche Kraft Maria umfasst die Liebe, Weisheit und Hingabe.

Wie kann man mit Gott reden?

Gott selbst vermittelt einen emotionalen Zustand des Friedens und steht nicht im Dialog. In seinem grenzenlosen Licht nimmt er keine begrenzten Formen oder Wörter ein. Mit dieser großen allumfassenden lichtvollen Energie kann man somit nicht reden, sondern sich nur in diesem göttlichen Zustand befinden. Wenn man mit Gott redet, befindet man sich im Dialog mit seinem höheren Selbst, das sich wiederum in einer dauernden Anbindung zur sogenannten Akasha-Chronik befindet, einer göttlichen Dimension, die das komplette kosmische Wissen beherbergt.

Was bedeutet, »Gott ist im Inneren und ich finde ihn dort«?

Die menschliche Seele ist aus Gottes Licht entstanden. Wir alle sind somit ein Teil Gottes. Gott ist eine universelle, allumfassende Energie der All-Liebe, die alles durchdringt und nur im Inneren erlebbar ist. Jeder Mensch befindet sich in seiner Entwicklung zum Lebenssinn der All-Liebe, denn dies ist der wahrhaftige Grund für die sich immer wiederholenden Inkarnationen. Das Ziel ist, die All-Liebe dauerhaft zu spüren und zu leben. Auf dem Weg dahin unterscheidet der Mensch die Liebe noch in mehrere Facetten, wie Selbstliebe, Mutterliebe, Vaterliebe, partnerschaftliche Liebe, Liebe zum Kind usw. Um auf dem Weg der Liebe vorwärtszuschreiten und somit dem Lebenssinn gerecht zu werden, dient auch dieses Erdenleben.

Jede Form der Liebe basiert auf der eigenen Resonanz und beinhaltet nur einen Teil der Fähigkeit, Gottes Liebe zu begreifen und zu leben. Dies zeigt, dass Gott als lichtvolle allgegenwärtige Schwingung nur als solche durch die liebevollen Gefühle im Herzen, in der menschlichen Seele zu erfahren ist und nicht im Außen, nicht in der Materie.

Gottes Gegenwart ist noch verstärkt erfahrbar im inneren Zustand des Friedens, weil dieses Gefühl alle Liebesarten des jeweiligen Menschen in sich vereint und ihn der All-Liebe und somit Gottes Energie nochmals ein Stück näherbringt.

»Gott ist in dir« bedeutet also: Erlebe das Gefühl des Friedens in deinem Herzen, und du öffnest dich emotional noch mehr Gottes liebevollen Kräften. So kann sich der Mensch der Liebesfähigkeit, die er bereits besitzt, noch mehr bewusst werden, sein Bewusstsein auf den Sinn der Schöpfung in überpersönlicher Liebe lenken und Gott und die Schöpfung noch mehr begreifen.

Diese innere Reife der individuellen Persönlichkeit ermöglicht es dem Menschen, besonders jetzt in der neuen Zeit, seinen freien Willen bewusst einzusetzen, all seine religiösen und moralischen Prägungen sowie sein persönliches Gottesbild zu hinterfragen und in seinem Herzen authentisch und für ihn stimmig zu erleben. Dadurch erlangt er die spirituelle Freiheit und einen erfahrbaren Glauben, der sich dann liebevoll, stärkend und erfolgreich im Alltag integrieren lässt.

So bringt der Mensch durch seine Freude und Glückseligkeit Gottes Liebe, Licht, Frieden und Harmonie wirklich auf die Erde und erfüllt seinen Lebenssinn der Liebe.

Warum lässt Gott Hunger, Kriege, Leid und die Not bei den Unschuldigen zu?

Die Erde ist quasi eine menschliche Spielwiese. Jeder Mensch besitzt einen freien Willen, und in diesen greifen weder Gott noch die Engel ein.

Das Leid wird auf der Erde von Menschen verursacht, die nicht auf die Liebe resonieren. So unterdrücken zum Beispiel Menschen, die in ihrer Kindheit selbst unterdrückt wurden und somit ihr Herz verschlossen haben, auch andere. Denn Missbrauch erzeugt Missbrauch. Der Mensch muss in all seinem Tun seinen Lebenssinn hinterfragen und die Liebe finden. Dann verändern sich auch die Resonanz und die Zukunft trotz des gegenwärtigen Geschehens.

Kriege, Leid und Not erschaffen die Menschen selbst, indem sie nicht in Liebe und von Herzen leben. Gott und die geistige Welt sehen die materielle Erfahrung, die eine Seele als Mensch auf der Erde macht, nicht als wichtiger an als die seelische Entwicklung in der geistigen Heimat des Menschen, im Himmel. Über die evolutionäre Entwicklung und in der neuen Zeit, in der die liebevollen, harmonischen weiblichen Kräfte vorherrschend sein werden, werden die Kriege auch abnehmen.

So können wir hoffen, dass es der Mensch selbst schafft, ein liebevolles und harmonisches Zusammenleben auf der Erde zu erschaffen.

Was ist Spiritualität?

Spiritualität ist die geistige Verbindung mit dem Höheren, mit dem Übersinnlichen, die Ausrichtung auf Gott. Sie ist im tiefen, unerschütterlichen Glauben begründet und eine geistig-geistliche Orientierung und Lebenspraxis eines Menschen. Die Spiritualität befasst sich mit Sinn- und Wertfragen des Daseins, der eigenen Existenz und Selbstverwirklichung im Leben, mit dem göttlichen Sein und der höchsten Wirklichkeit.

Sie gibt dem suchenden Menschen in seiner Lebensgestaltung eine Orientierung. Es gibt viele Menschen, die einen vorgegebenen Glauben einfach annehmen, aber in der heutigen Zeit sollten immer mehr eine wissende und erkennende Haltung einnehmen und den Glauben im Inneren persönlich erfahren.

Es gibt verschiedene Ausdrucksformen der Spiritualität:

- Gebet, Gottvertrauen, Geborgenheit
- Erkenntnis, Weisheit, Einsicht
- Überzeugung, dass es Transzendenz gibt
- Mitgefühl, Großzügigkeit, Toleranz
- bewusster Umgang mit anderen, sich selbst und der Umwelt
- Ehrfurcht und Dankbarkeit
- Meditation und Verurteilungslosigkeit

Das spirituelle Verständnis hat Auswirkungen auf die Lebensführung und die ethischen Vorstellungen und gestaltet die individuelle Lebens- und Erfahrungsgeschichte mit.

Die Religionen haben deutlich unterschiedliche spirituelle Strömungen hervorgebracht. Doch verschiedene Lehren der Spiritualität müssen sich keineswegs widersprechen und können genauso innerhalb einer Kirche nebeneinander bestehen, ich denke als Beispiel an das christliche Zen.

Bei all den Unterscheidungen bleibt jedoch der Kern der Spiritualität der gleiche, nämlich die grundlegenden menschlichen Qualitäten der Liebe, der liebevollen Zuwendung, der Güte, der Freundlichkeit und des Mitgefühls.

Dies bedeutet, Spiritualität ist ein Überbegriff für alle Weltbilder und Lebensweisheiten, die über den Materialismus hinausgehen.

Bei all dem Wissen, das uns heute verfügbar ist, steht der Mensch trotzdem immer noch da, wo er vorher war, nämlich bei der Frage: Was ist der Sinn des Lebens, was ist Spiritualität? Spiritualität kann weder gelehrt noch gelernt werden, sie kann ausschließlich gelebt werden.

Für jeden bedeutet dies etwas anderes, und das muss auch so sein. Denn jeder Mensch hat seine individuellen Lebenserfahrungen und somit seine persönliche Lebensansicht.

Durch persönliche, innere Erfahrungen und die Prägung der entsprechenden Religion verbinden sich gewisse Erkenntnisse und Vorstellungen. Wir werden aber letztendlich feststellen, dass wir trotz vieler kultureller und religiöser Unterschiede eigentlich alle im selben Boot sitzen. So unterschiedlich ist das Gottesbewusstsein nun auch wieder nicht, nur die Umsetzung ist kulturell bedingt eben verschieden. Das Licht, nach dem der Mensch strebt, ist immer dasselbe.

Kann man wirklich ohne Vorurteile und ohne Beurteilung leben?

Der Grat zwischen neutraler Beurteilung und Verurteilung ist oft schmal. Im alltäglichen Leben müssen wir oftmals Stellung beziehen und Entscheidungen treffen. Doch wenn wir zu viele negative Emotionen wie Unsicherheit, falsche Moral, Zwang, Neid, Hass, Gier, Anerkennungssucht etc. in unsere Entscheidungen hineinfließen lassen, so richten wir und erheben uns über andere, und unsere spirituelle Quelle wird versiegen, weil in dieser inneren Haltung keine Liebe lebt.

Aus Gottes Sicht ist jeder, so wie er ist, vollkommen in Ordnung, jeder ist vor seinen Augen gleich, und jeder Mensch wird gleich geliebt von ihm.

Die Engel sagen, ihr sollt niemanden verurteilen, denn ihr seid keine Richter.

Jede Seele muss im irdischen wie auch im jenseitigen Leben vor sich selbst Rechenschaft ablegen, das heißt in der Lage sein, sich anzunehmen und zu lieben. Ansonsten wird diese Seele durch entsprechende Erfahrungen dorthin geführt.

Kann es ein spirituelles, problemfreies Leben geben?

Der Mensch ist nicht auf der Erde, um keine Probleme zu haben, sondern um sie in Liebe zu lösen. Viele machen sich gerade auch deshalb auf den spirituellen Weg, weil sie dahinter ein Leben in absoluter Liebe ohne Probleme erhoffen. Doch bei dieser Erwartungshaltung wird oft vergessen, dass der Mensch hier auf Erden in der Polarität lebt. Wenn er sich seiner Angst stellt, aus der die Probleme entstehen, so ist er in der Lage, sich konsequent zur Liebe zu entwickeln. Das irdische Leben ist nicht dazu da, keine Probleme zu haben, sondern um sie zu lösen, sich in allem wahrzunehmen und sich stets weiterzuentwickeln.

Hier kommt es vor allem auf den Umgang mit dem freien Willen an, das heißt, der Mensch kann zwar nicht immer beeinflussen, was auf ihn zukommt, denn dies ist oftmals auch mit dem Schicksalsweg anderer Beteiligter verbunden. Jedoch kann er immer frei entscheiden, wie er damit umgeht, aus der inneren Reife der Liebe oder aus Angst heraus. Man sollte gerade in schwierigeren Lebensphasen nicht verzagen, sondern sich eher im Gottvertrauen zurückziehen und nachdenken. Ob das Urvertrauen in solchen Zeiten zerbricht oder nicht, hängt wiederum von der Betrachtungsweise durch den freien Willen ab. Deshalb brauchen wir Gott und göttliches Bewusstsein, um zu wissen, dass in allem ein lichtvoller Sinn zu finden ist. Ebenso, dass das Leben nach dem Tod weitergeht und wir immer in Liebe in Gottes Schöpfung geborgen sind und somit das Leben grenzüberschreitend betrachten sollten.

Über das spirituelle Bewusstsein hat der Mensch die Möglichkeit, in Liebe eine geistige Wahrnehmungsfähigkeit zu entwickeln, mit der er den Entwicklungsschritten im Leben zum Wohle der eigenen Persönlichkeit begegnen und mit Interesse und Lebensbegeisterung das Leben meistern und persönliche Antworten und Lösungen finden kann.

So hat die Seele die Möglichkeit, ihr volles Potenzial zu entfalten, was den Umgang mit Irritationen im Lebensverlauf immer mehr stärken wird.

Der Mensch sollte sich auch immer wieder fragen: »Wie kann ich mich selbst noch mehr annehmen, lieben, ein stärkeres Gottvertrauen entwickeln und ohne Fesseln leben?« Und immer wieder wird er zur selben Antwort gelangen, dass es darum geht, sich achtsam in seinem Atem, seinen Gedanken und Gefühlen wahrzunehmen. Wichtig ist, alles bewusst und von Herzen zu tun. Dies ist die Schulung des Bewusstseins durch die tägliche Aufmerksamkeit im Leben. Somit können Sie sich das Leben leichter und problemloser gestalten und sich in liebevoller innerer Haltung üben.

Ziehen Sie sich mehrmals täglich für einige Minuten zurück, lenken Sie Ihren Atem tief in den Bauch, lassen Sie Ihre Gedanken ruhen und spüren Sie im Herzen Wärme, ein Lächeln, und es wird immer mehr Liebe in Ihnen erwachen können, die Sie wissend, weise und frei macht. So kann sich auch Leid zur Liebe heilen. So sollte die Spiritualität im Alltag aussehen.

Hat sich der spirituelle Weg im Laufe der Jahrhunderte verändert?

Die göttliche Schöpfung und der Sinn waren immer dieselben, nur die Form der Umsetzung ist unterschiedlich geprägt von den gegenwärtigen Möglichkeiten der uns in der heutigen Zeit zunehmend zur Verfügung stehenden Seelenqualitäten. Aber die kosmischen Gesetze, die sind immer noch dieselben. Deswegen zitieren wir auch immer noch gerne Philosophen aus früheren Jahrhunderten. Denn die Kernaussage bleibt.

In der neuen Zeit ist der Mensch feinstofflicher geworden und kann darüber einen verstärkten Zugang zu sich und den geistigen Welten erhalten, wenn er dies anstrebt. Während zu früheren Zeiten der Umgang mit der Spiritualität noch oftmals von außen diktiert wurde, empfindet der Mensch heute immer mehr das Bedürfnis, einen eigenen Zugang und eine individuelle Erkenntnis seiner Spiritualität zu erlangen.

Wie können wir mit unseren »Schattenseiten« im Leben umgehen?

Das Böse und die Angst rühren vom Menschen selbst her und nicht von Gottes Schöpfung. Alle negativen religiösen Bilder sind vom Menschen selbst geprägt. Die Menschen reden von »gefallenen« Engeln, doch verstehen sie dabei dieses geistige Bild falsch.

Wenn in einem Bildnis ein Engel fällt und symbolisch als gefallener Engel bezeichnet wird, so sollten wir dies nicht mit menschlicher Logik deuten, sondern aus dem

Herzen betrachten, durch das Gott spricht. Dabei sollten wir bedenken, dass im göttlichen Licht überall und in allem Liebe ist. Dann können wir die tatsächliche geistige Botschaft erkennen: »Wenn der Mensch seine geistige Anbindung und das Licht vergisst, so verschließt er sich unbewusst vor dem Gotteskanal, und seine Leichtigkeit fällt ab, sodass er durch seine Angst schwer wird.«

Die »Schatten« im Leben macht nicht ein strafender Gott, sondern Schatten kann nur die Materie werfen. Wenn Sonnenstrahlen auf einen Gegenstand fallen, entsteht ein Schatten, aber das Licht selbst wie auch das Licht und die Energie Gottes machen keinen Schatten, sondern der Mensch in seinem Denken, in seiner Materie, aus der Angst heraus.

Durch die millionenfache menschliche Angst und Schwere entstanden ein übergeordnetes und überdimensionales Energiefeld, die kulturelle Vorstellung von einem Teufel. Dieser wurde geschaffen und wird am Leben erhalten ausschließlich durch die negativen Gefühle der Menschheit. Diese Gefühle erzeugen eine globale Schwingung, jedoch keine individuelle Wesenheit. Das zerstörerische Wesen kann nur der Mensch selbst sein. Deshalb sollte man jede Disharmonie liebevoll in Verständnis für sich, die Mitmenschen und die Situation betrachten und verwandeln und stets seinen Glauben an das Gute stärken.

Warum bestimmen so oft Zweifel und Angst unser Leben?

Hier gilt vordergründig der bekannte Spruch »Euch geschehe nach Eurem Glauben« (Matthäus 9, 29).

Die meisten Menschen möchten glücklich, gesund, schön und reich sein. Viele sind jedoch unbewusst nicht in der Lage, sich selbst so zu sehen, und werden ebenso von ihrem Unterbewusstsein dahingehend blockiert, in ihrem Gedankengut dafür etwas zu verändern.

Denn für jede Veränderung benötigt man großes Vertrauen zu sich, in die Welt und in die geistige Führung. Die eigenen Muster und Blockaden geben dem Menschen eine scheinbare Sicherheit. Wenn auch die damit verbundenen Verhaltensmuster ihn unglücklich machen, so sind sie ihm doch vertraut. Diese loszulassen und in die innere Stabilität, in das Vertrauen, in die Liebe und somit in die Eigenverantwortung zu gehen, erfordert Vertrauen in Gott, in die Schöpfung und viel Weisheit, nicht nur Wissen.

Es gibt eine notwendige, eine »gesunde« Form der Angst, nämlich ein Gefühl, das uns dazu veranlasst, für unser Überleben zu sorgen. Es gibt auch eine ungesunde Form der Angst, nämlich Angst vor Ablehnung, Fehlern usw. Vordergründig sollte der Mensch sich vor Augen führen, dass, wenn er Ablehnung erfährt oder »Fehler« begeht, sein Überleben deswegen nicht in Gefahr ist!

Und genau deshalb sollte der Mensch diese Form der Angst in Liebe und Vertrauen verwandeln, um sich in der göttlichen Wahrheit und dem wahren Lebenssinn der Liebe zu erfahren. Es geht immer darum, aus der

Resonanz der unberechtigten Furcht, die wiederum in der Wiederholung ähnliche Ereignisse anzieht, herauszugehen, sich aufzurichten zum Licht und in Würde zu erstrahlen. In dieser liebevollen inneren Haltung ist er stets allem gewachsen. Die Macht, jederzeit sich und sein Leben zu verändern, hat der Mensch in seinem freien Willen. Dies muss nur deutlich erkannt und produktiv aus tiefstem Herzen genutzt werden.

Gelebte Spiritualität zeigt dem Menschen den Weg, die wahren inneren Werte zu erkennen, die das Leben wirklich lebenswert machen. Dies ist all das, was den Menschen in den zwischenmenschlichen Begegnungen bereichert. Es sind die inneren Werte, die den Menschen immer mehr aufrichten und Klarheit schaffen. Dies sind Ehrlichkeit, Mitgefühl, Verständnis, Erkenntnis, innere Erlebnisse, Liebe etc.

All diese Tugenden sind nötig, um Spiritualität und göttliche Anbindung praktisch im Alltag zu leben. Den Menschen fällt es meist leichter, diese Eigenschaften zu spüren, wenn alles im Leben so läuft, wie sie es sich vorstellen. Doch es geht gerade darum, seinen Glauben an das Gute und an Gottes Kraft auch in weniger beflügelnden Zeiten zu bewahren und im tiefen Vertrauen aus allem lichtvolles Neues zu erschaffen. Wir sollten und müssen stets darauf achten, dass alles, was wir tun, aus vollem Herzen, in Liebe und Freude geschieht. Damit diese Eigenschaften zu jeder Zeit selbstverständlich werden, können wir mit Gebeten, Segnungen, Meditationen, Gesprächen, Momenten der Ruhe, ausgedehnten Spaziergängen in der Natur und erhöhter Aufmerksamkeit im Alltag uns selbst und auch anderen helfen.

Es ist wichtig, jegliche Angst vor den Menschen, vor dem Leben und letztendlich vor dem Tod in Liebe zu verwandeln und aus den Bewertungen und Verurteilungen herauszukommen. Wir dürfen nicht vergessen, dass, bedingt durch das Resonanzprinzip auf Erden, kein Mensch etwas Negatives tun kann, ohne auch etwas Positives anzustoßen. Wir sollen aufhören, uns wie hilflose Opfer oder schuldige Täter zu fühlen, sondern wir sollen, so wie auch die Engel, in eine neutrale, verurteilungsfreie Haltung voller Sicherheit und Vertrauen hineingehen.

Viele Menschen befinden sich im permanenten Zweifel, weil der Kopf oft etwas anderes sagt als das Herz. Hierbei ist es wichtig zu verstehen, dass dieser Zustand immer einem Zustand der Angst entspricht, der auch die Ursache für die meisten Schwierigkeiten, die uns im Leben begegnen, darstellt.

Alle Lösungen sind ausschließlich in der Liebe zu finden. Mit dieser Erkenntnis kann sich bereits der erste befreiende Schritt vollziehen.

Es gelingt leichter, wenn man sich auf die drei Kräfte der Gegenwart besinnt. Zunächst ruhig und tief in den Bauch atmen, dann ein liebevolles Lächeln im Herzen spüren und somit die Gedanken immer mehr zur Ruhe bringen. Dann ist der Mensch in einer liebevollen, wahrhaftigen, klaren und selbstsicheren inneren Haltung und weiß, was zu tun ist, auch mitten im Alltag. Ich empfehle Ihnen eine loslassende Segnung, die Sie in Ihrer Aktivität und Tatkraft unterstützen kann. Sprechen Sie innerlich: »Liebe lichtvolle geistige Welt, möge sich alles für alle Beteiligten lichtvoll entwickeln.«

Und wenn der Mensch aus tiefstem Herzen ein warmes und harmonisches Gefühl der Liebe zu sich im Inneren empfindet, so wird er auch immer ehrlich, liebevoll und friedvoll nach außen agieren, lichtvolle Dinge anziehen und Angst und Zweifel immer mehr loslassen können, weil er immer mehr an Sicherheit und Urvertrauen gewinnen und den lichtvollen göttlichen Sinn in allem erkennen kann.

Was bedeutet: Der Mensch ist ein »geistiges Wesen«?

Die menschliche Seele ist unsterblich und macht ihre Entwicklungsschritte im unendlichen Wechsel mal im Jenseits, dann wieder in menschlichen Erfahrungen, in der Resonanz auf Erden.

Ihr Ursprung, ihre geistige Heimat, ist bei Gott im Himmel, mit dem sie während eines Erdenlebens stets verbunden bleibt und wohin sie danach auch wieder zurückkehrt. Diese Verbindung zum Ursprung spürt jeder Mensch über eine unterschwellige Sehnsucht in sich.

Auch wenn die meisten Menschen in unserer Kultur ihre Sehnsüchte auf der Suche nach Anerkennung in andere Richtungen lenken, wie melancholische Gefühle, Prunk, Mode, Erfolg usw., so werden sie nie zu stillen sein und niemals zu tiefem Glück und Frieden führen können, weil dies nicht dem wahrem Ursprung der Seele entspricht.

Der Mensch ist also ein geistiges Wesen, das auf Erden Erfahrungen sammelt, denn sein Denken (Geist) und seine Empfindungen (Seele) sind feinstoffliche »Glieder«. Viele Menschen können ihre geistige Anbindung noch wahrnehmen, andere leider nicht mehr, da sie allzu intellektuell, materie- und wissenschaftsgläubig wurden.

Wie kann man das Leben und den Alltag lichtvoller gestalten?

Die größte Herausforderung eines spirituellen Menschen ist, die geistige Anbindung in seinem Alltag aufrechtzuerhalten. Ist das tägliche Leben vorwiegend von Stimmigkeit und Harmonie geprägt, fällt es naturgemäß auch leichter, fröhlich und herzensoffen zu sein.

Wenn hingegen Ängste dominieren, wie Existenz-, Versagens- oder Verlustängste, so wird der Alltag zur Herausforderung und Bewährungsprobe.

Die im Unterbewusstsein abgespeicherten Ängste unseres »inneren Kindes« rebellieren deshalb, weil die Seele geheilt werden will. Diese Ängste melden sich vor allem nachts zu Wort, wenn das Bewusstsein »schläft«. Wir bearbeiten nachts nicht nur unterbewusst den vergangenen Tag, sondern unsere gesamte Vergangenheit, was auch frühere Leben mit einschließt. Somit ist es nicht verwunderlich – ganz gleich, ob man sich nun an seine Träume erinnert oder nicht –, dass man morgens manchmal zerschlagen aufwacht oder sogar leicht depressiv ist. Um dem entgegenzuwirken und den inneren Heilungsprozess zu unterstützen, sollte man schon am Morgen seinen Tag aufmerksam und ruhig mit einer Meditation beginnen.

Durch diese Form der inneren Achtsamkeit entsteht Freude und inneres Licht, und man zieht dann nicht noch zusätzliche Probleme an. Denn mit einer Haltung der Achtsamkeit geht man viel besser mit sich und seinem Umfeld um. Man lebt offener und ehrlicher, weil man mit dem Fluss des Lebens fließt.

Außerdem kann man sich durch diese Offenheit auch ganz anders auf den Tag mit all seinen Ereignissen einlassen, als wenn man innerlich verschlossen durch das Leben geht.

Der lichtvolle Sinn der täglichen Meditationen ist, dass Sie Tag für Tag die jeweils richtige, für Sie passende und für Ihre Entwicklung stimmige Grundhaltung zu Ihrem Leben und zu sich selbst finden und annehmen.

Die Meditationen können bis zu einer halben Stunde dauern, sie können jedoch auch dann hilfreich sein, wenn Sie weniger Zeit dafür aufwenden. Wesentlich ist, dass Sie sich den ganzen Tag über immer wieder an die einmal gefundene lichtvolle innere Grundhaltung erinnern und immer wieder in diese Haltung zurückfinden. Dann wird allmählich Ihr ganzer Alltag zu einer Meditation werden. Vor allem wenn Schwierigkeiten im Alltag auftauchen, sollten Sie sich an diese morgendliche Meditation erinnern und sie ausführen. Nur so wird das spirituelle Leben in der Praxis Wirklichkeit; sonst bleibt es oftmals nur Theorie und Wunschdenken.

Was ist die neue Zeit?

Die vedischen Schriften, das weltweit älteste, bekannte spirituelle Werk, haben uns bereits vor 5000 Jahren das Goldene Zeitalter prophezeit. Der Maya-Kalender endet 2012, was offensichtlich ebenfalls die Ankunft eines neuen Bewusstseins symbolisiert. Rudolf Steiner hat bereits beschrieben, dass die Menschen sich im Goldenen Zeitalter nicht mehr nach Rassen unterscheiden werden, sondern sich nach »gut« und »böse« trennen.

Dies alles hat schon längst begonnen. Noch vor einigen Jahrzehnten hätte niemand sich vorstellen können, dass Menschen verschiedener Rassen und Kulturen sich jemals in einer solchen Geschwindigkeit vermischen werden und sich gegenseitig liebevoll akzeptieren.

Dies vollzieht sich nach einem göttlichen Evolutionsplan.

Und was bedeutet das für uns heute? Die Menschen bekommen immer mehr die evolutionäre, positive Entwicklung zu spüren. Die Bewusstwerdung steigt nahezu in allen Lebensbereichen. Die Menschen machen sich immer mehr eigenständige Gedanken über den Umgang mit der Natur, gesellschaftliche Werte, medizinische Entwicklung, berufliche und religiöse Freiheit, spirituelles Erwachen, Pädagogik und vieles mehr.

Vom Anspruch auf neue Lebensqualität, Freiheit und Verantwortung wird jeder individuell berührt. Doch wir sind alle noch in das alte, »verhärtetere«, männliche Zeitalter hineingeboren. Daher herrschen in unserer Gesellschaft selbstverständlich noch die alten Strukturen vor. Für unsere Zukunft und für die Zukunft unserer Kinder sind wir die Vorreiter für neue liebevollere Aufbau- und Umgangsformen.

In unserer Gesellschaft geht es uns heute nicht mehr nur um das nackte Überleben. Vor ca. 100 Jahren, als es noch Geheimwissen um die geistige Entwicklung und das freie Denkvermögen gab, ging es um die Bewusstwerdung der Kraft des Geistes in der Gesellschaft. Heute sollen wir es uns zur Aufgabe machen, unsere Fähigkeiten bewusst mit der Herzensqualität der Seele zu verbinden und alles mehr in Liebe anzugehen.

Die evolutionäre Entwicklung des Goldenen, weiblicheren Zeitalters der Liebe bringt für den Menschen auch neue individuelle Herausforderungen und Lernaufgaben.

Warum wird die neue Zeit auch oft als weibliches Zeitalter bezeichnet?

Dazu müssen wir uns die Werte und Tugenden, die einen Menschen ausmachen, näher betrachten. Wir leben auf der Erde in der Polarität, das heißt, es gibt für alles einen Gegenpol.

Ein ausgeglichener Mensch braucht sowohl machtvolle, kreative, durchsetzungsfähige wie auch nachgiebige, bewahrende Anteile usw. Wenn wir einige wichtige Anteile in einem Menschen, ganz gleich ob Mann oder Frau, betrachten, dann können wir diese in erschaffende männliche und liebevolle weibliche Anteile aufgliedern:

- *Männlich:* Intellekt, Wissen, Erschaffen, Macht, Ausdauer, Kreativität, Durchsetzung, Härte, Bewegung

- *Weiblich:* Weisheit, Liebe, Ruhe, Frieden, Bewahren, Demut, Hingabe, Weichheit, Vertrauen

In den vergangenen Zeitepochen herrschte überwiegend die männliche Dominanz vor. Dies verändert sich nun mit dem Goldenen Zeitalter, wo Werte wie Mitgefühl, Verständnis, Liebe, Gleichberechtigung, Wahrheit, Ehrlichkeit, Demut eine immer größer werdende Rolle spielen. Da man hierbei von weiblichen Werten spricht, nennt man die neue Zeit auch gerne das weibliche Zeitalter. Dies bedeutet aber nicht, dass es ein Zeitalter der Frauen ist, auch wenn diese endlich mehr Anerkennung finden, sondern es handelt sich um eine Vermehrung der weiblichen Werte, die als Ausgleich der bisherigen männlichen Dominanz dienen. Während die bisherige Zeit mehr von Intellekt und Macht dominiert wurde, wird in die neue Zeit auch immer mehr Liebe und Weisheit mit einfließen können.

Die beiden Wertigkeiten müssen im Menschen ausgeglichen sein. Hat die bisherige dominierende männliche Vorherrschaft häufig zu Verwüstungen und Kriegen geführt, so wird die weiblichere Ära mehr Harmonie und Frieden bringen.

Machen wir alle den Schritt in das weibliche Zeitalter und vergessen wir dabei aber nicht, dass wir unsere männlichen Anteile liebevoll bewahren müssen. Denn mit Liebe und Harmonie allein kann es keine Weiterentwicklung geben. Was nützt uns die größte Weisheit (weiblich), wenn uns kein Intellekt (männlich) zur Verfügung steht, sie umzusetzen.

Vereinen wir also beide Kräfte und erschaffen wir eine bessere, harmonischere Welt, im Innen wie im Außen!

Wird die Zukunft große Veränderungen mit sich bringen?

Wir befinden uns in einem großen und großartigen Wandel. In einem Zeitalter, in dem sich die Menschheit durch die evolutionäre Bewusstseinsentwicklung nach dem göttlichen Plan zur Liebe hin verändern wird.

Eine Zeitwende dieser Dimension braucht optimistische Menschen, die Zuversicht und Licht in die Welt tragen. Die Menschen werden immer sensibler und feinfühliger, neigen aber immer noch dazu, sich nach altem Muster zu verhalten, zum Entweder-oder-Denken. Mittlerweile ist der Mensch so reif und sein Bewusstsein so hoch entwickelt, dass er keinen Weltkrieg oder ähnliche Dramen mehr für seine weitere Entwicklung benötigt.

Schenken Sie dem göttlichen Plan, der Menschheit und sich selbst Vertrauen.

Gottes grenzenlose Liebe und Kreativität findet sicherlich keine Entfaltung innerhalb einer Apokalypse beziehungsweise eines Weltuntergangs, wie es wieder einmal mehr prophezeit wird, sondern in einem liebevollen Bewusstsein der Menschen. Diese Veränderungen, die die Zeit mit sich bringen wird, finden in dem Ausmaß statt, dass der Mensch daran reifen kann und somit auch in seiner Entwicklung nachkommt.

Diese Veränderungen sind stets aus der evolutionären Entwicklung der Menschheit und des freien Willens erschaffen worden und entsprechen auch dem natürlichen Verlauf der Entfaltung der Natur.

Glauben Sie also von ganzem Herzen an eine lichtvolle Zukunft, an ein liebevolles Zusammenleben und an eine Zeit, in der Kriege bald keine Rolle mehr spielen werden. Und bringen Sie sich selbst in den Wandel bewusst ein. Auch auf Sie ganz persönlich kommt es bei der Entwicklung auf unserem geliebten Planeten Erde an!

Was bedeutet Jesus und welche Rolle spielt die Christuskraft beim geistigen Heilen?

Jesus hat gelebt, um die Menschen an die Erlösung im Licht zu erinnern. Seine Kraft steht weiterhin für die Symbolik des Lichtes der ewigen Hoffnung im Herzen der Menschen. Jesus als geistiges Wesen hat jedoch keine individuelle Seele wie wir Menschen, sondern ist pures Licht.

Die Christuskraft erfahre ich als ewiges weißes Licht in Gestalt einer weißen, durchscheinenden menschlichen Silhouette. Die Schwingung in diesem Licht ist eine sehr hohe Kraft, die eine lichtvolle Brücke zwischen dem Menschen und Gott bildet.

Während es in der Gottesbegegnung um die Aussage »Alles ist in Ordnung« geht, ist in der Christusbegegnung die vertrauensvolle und tröstende Aussage »Du schaffst alles« enthalten. Dies entspricht dem Urvertrauen im Inneren.

Beim geistigen Heilen unterstützt die Christuskraft sowohl das Vertrauen im Heiler wie im Klienten. Dabei ist es sinnvoll, wenn sich der Heiler mit einem Gebet bewusst damit verbindet.

Die Engel gaben mir das nachfolgende Gebet:

»Ich glaube an die Liebe,
ich glaube an das Licht,
der Heilige Geist umgibt mich.
Christuskraft in mir verbindet sich
mit der Christuskraft in dir und heilt dich.
Amen.«

Ist das Leben durch Gottes Schöpfung oder durch die Evolution entstanden?

Als das ganze Universum erschaffen wurde, war dazu sicherlich, wie die Wissenschaftler es beschreiben, ein »Urknall« notwendig.

Nun gibt es jedoch atheistische Wissenschaftler, welche die Behauptung aufstellen, die ganze Entstehung des Alls, des Lebens und letztendlich des Menschen sei dem reinen Zufall zuzuschreiben. Nach deren Meinung wäre dann der Urknall eine unvorstellbar riesige, zufällig stattgefundene Explosion. Wir alle kennen das Produkt von Explosionen, nämlich ausnahmslos Chaos. Das Universum hingegen ist geordnet und funktioniert perfekt.

Gott schuf Himmel und Erde und nach der Schöpfungsgeschichte am sechsten Tag den Menschen. Als er die Erde erschuf, war diese zunächst ein Feuerball, und es dauerte Millionen von Jahren, bis dieser abgekühlt war und sich auf der Erdkruste Leben einstellen konnte. Dazu mussten neben dem Land auch die Meere, Flüsse und Seen entstehen. Es musste sich zuerst die Flora entwickeln, bevor sich die Fauna und als Letztes der Mensch einstellen konnten.

Hätte Gott, nachdem die Erde und die Flora vorhanden waren, nun unmittelbar ein hoch differenziertes Wesen wie den Menschen hineingestellt, so hätte dieser sicherlich nicht überleben können, da er sich an die Bedingungen nicht hätte anpassen können. So mussten sich zuerst die Einzeller im Wasser bilden, daraus entstanden später Zellverbände, dann weiterentwickelte, noch niedere Tiere, dann höherentwickelte Tiere mit Organverbänden, und erst zum Schluss (symbolisch am sechsten Tag) entstand als Krönung der Schöpfung, mit freiem Willen ausgestattet, der Mensch.

Es handelt sich bei der Schöpfung also um einen Millionen Jahre dauernden Prozess der Entwicklung, den man auch Evolution nennen kann und der perfekt nach Gottes vorgegebenem Plan abläuft.

Am Anfang stand die Schöpfung, und die Weiterentwicklung geschieht über die Evolution, die aber ebenfalls zum göttlichen Schöpfungsplan gehört.

Ich bin seit einer Weile auf meinem spirituellen Weg, möchte weiterhin meine Sensibilität schulen und in meiner Entwicklung weiter vorankommen. Kann ich noch etwas tun, außer spirituelle Bücher zu lesen und Seminare zu besuchen?

Spiritualität ist das Wirken des Geistes. Der Geist wirkt über die Klarheit der Gedanken auf die Befindlichkeit der Gefühle und die Lebendigkeit des Körpers. Dieser Fluss entspricht dem wahren Wesen des Menschen, das heißt seiner wahren Herzlichkeit, aus dem sich der Charakter bildet.

Spirituelle Bücher und Seminare geben die Möglichkeit, durch geistiges Gut innere Impulse zu setzen. Die tatsächliche Umsetzungsfähigkeit muss aber im eigenen Alltag geschehen.

Versuchen Sie also das, was Sie bereits wissen und gelernt haben, vorausgesetzt, es ist für Sie persönlich auch vollkommen stimmig, konsequent in Ihren Alltag zu integrieren. Arbeiten Sie, Ihrem Bedarf entsprechend, mit Übungen, Meditationen und Gebeten. Bitten Sie die Engel um Hilfe und Unterstützung. Vergessen Sie dabei aber niemals, dass Sie sich als Mensch in der Materie wahrnehmen müssen, denn ohne Erdung und Freude an den täglichen Aufgaben kann Spiritualität nicht funktionieren.

Üben Sie Ihre Selbstwahrnehmung im Alltag, denn dies ist die spirituelle Grundbasis, mehrmals täglich einige Minuten lang. So werden Sie Ihre Gedanken, Gefühle und Ihren Körper viel mehr wahrnehmen und im Positiven beeinflussen können. Übung macht den Meister. So lernen Sie, erfolgreich mit Ihrem freien Willen umzugehen, Verantwortung für Ihr Wirken auf allen Ebenen zu übernehmen und Ihrem Glück offen gegenüberzustehen.

Durch diese innere Aktivität können sich längerfristig immer mehr innere Blockierungen lösen, und geistige Impulse können durch Ihr neu gewonnenes Selbstvertrauen immer mehr wirken.

Bedenken Sie bitte immer: Spiritualität ist nicht lehr- oder lernbar, sondern ausschließlich lebbar.

Darf ich mich für mehrere Religionen öffnen, verschiedene Gebetsformen miteinander kombinieren und in eine erlernte energetische Ausbildung auch andere Heilarbeit mit einfließen lassen?

Es spricht nichts dagegen, das neu Erlernte in das Bestehende zu integrieren. Denn das heilende Wirken aus reiner Liebe verträgt sich mit allen Heilertätigkeiten.

Die verschiedenen Gebete sind ebenfalls aus demselben Grund miteinander kombinierbar, ganz so, wie Sie sich inspiriert fühlen.

In Bezug auf verschiedene Religionsarten sollte rational bedacht werden, dass keine Religion die absolute und vollständige Wahrheit beinhalten kann. Denn das kosmische Wissen ist überdimensional und unendlich und lässt sich nicht in eine Meinung hineinpressen.

Religion ist also eine Möglichkeit zur geistigen Rückbesinnung. Deshalb enthält jede Religion ihre geistigen Impulse und Umsetzungsfähigkeiten, kann aber niemals das vollständige Wissen beinhalten. Daher ist es wichtig, nicht nur an eine Sicht der Dinge zu glauben, sondern alles innerlich aus mehreren Blickwinkeln zu betrachten und durch das eigene Vertrauen zu prüfen. Interesse und Offenheit allem gegenüber sind sinnvoll. Die Annahme dessen, was für Sie stimmig ist und was nicht, obliegt ausschließlich Ihrer individuellen Freiheit und Verantwortung.

Im ursprünglichen Sinne ist die Religion aus der Sicht Gottes nicht dazu da, Glaubensansätze vorzuschreiben, sondern die Menschen im Mitgefühl, in ihrer Suche und Not zu begleiten.

Wie können gläubige und spirituelle Menschen mit den Anfeindungen der wissenschafts- und materiegläubigen Atheisten umgehen?

Das seelische Empfinden des Glaubens und der Suche nach der Wahrheit entspricht dem Grundbedürfnis jedes Menschen. Auch Atheisten glauben, nämlich daran, dass es als letzte Wahrheit ein »Nichts« gäbe. Sie können genauso wenig rational-materiell beweisen, dass alles nichts sei, wie Gläubige ihnen beweisen könnten, dass es Gott, die Christuskraft, den Heiligen Geist und die Engel gäbe. Wahrheit ist eine Kraft, die in den grob- und in den feinstofflichen Ebenen zu Hause ist und wirkt.

Die Entfaltung von mehr Licht findet heutzutage nicht mehr nur vorzugsweise bei Mystikern und Heilern statt, sondern vollzieht sich bei vielen Menschen, auch solchen, die keine religiöse oder konfessionelle Haltung einnehmen. Das hat dazu geführt, dass diese Kreise von Fundamentalisten oder Atheisten, von Materiegläubigen oder krassen Rationalisten gerne in ein gesellschaftliches Abseits gedrängt werden sollen. Man nennt Menschen, die Engelkontakte haben oder sich dafür interessieren, dann abschätzig Esoteriker oder geradeheraus Spinner, naive Leichtgläubige oder Menschen mit Wahnvorstellungen. Dies fordert diese Menschen nun dazu heraus, eine neue Form der Weisheit zu entwickeln. Weisheit im Umgang mit Kritik, auch mit unberechtigter oder feindseliger Kritik, ebenso Weisheit im Umgang mit Kommunikation über geistige Phänomene.

Bleiben Sie bei Ihrer Überzeugung, spüren Sie Ihre innere Sicherheit, Ihren geistigen Schutz und Ihre Anbindung. Nur weil man etwas nicht sehen und mit den heutigen wissenschaftlichen Methoden verständlicherweise nicht nachweisen kann, heißt es noch lange nicht, dass es dies nicht gibt. Es lässt sich ja nicht einmal wissenschaftlich nachweisen, warum der eine Mensch wunderschön singen kann, der andere dagegen nicht.

Was ist Bewusstsein?

Bewusstsein ist all das, was wir im wachen Zustand in der Gegenwart bewusst erleben.

Bewusstsein ist alles Geistig-Seelische, das erdgebundene Erleben wie auch die spirituellen Erfahrungen.

Bewusstsein ist all das, was wir an Gedanken und Gefühlen, Erinnerungen und Erwartungen, Tagträumen und Ahnungen Tag für Tag erleben.

Es ist also das Bewusstsein im Alltag, sodass der Begriff »Alltagsbewusstsein« recht gut und brauchbar umschreibt, mit welcher Art von Bewusstsein wir es zu tun haben.

Die Geisteswissenschaften haben sich schon früh darangemacht, zu erforschen, wie dieses Bewusstsein durch andere Impulse bewegt, geprägt und gebildet wird – durch Sitten und Gebräuche, durch Familienmuster, durch körperliche Möglichkeiten und Begrenzungen, durch Wünsche und Befürchtungen, durch Freude und Leid. Unser Alltagsbewusstsein wird vor allem durch unsere Sinneserfahrungen gebildet und beeinflusst, sowie durch die mentalen und emotionalen »Raster« beziehungsweise »Filter«, durch die wir unsere Erlebnisse bewerten und einordnen.

Was ist Unterbewusstsein?

Das Unterbewusstsein ist eine wichtige Instanz, die uns durch »gesunde« Ängste vor gefährlichen Ereignissen schützt und uns somit am Leben erhält. Allerdings ist es auch Sitz der »ungesunden« Ängste, die uns das Leben schwer machen. Es besteht zunächst nicht aus sich selbst heraus, sondern wird durch zwei wichtige Einflüsse nach und nach gebildet und verfestigt sich dann oft, sodass es wie ein eigenständiges Gebilde wirkt.

Einer der Einflüsse sind alle Sinneseindrücke, die wir vom Beginn des Lebens aufnehmen. Mit diesen äußeren Sinneseindrücken stellen sich mehr und mehr Bewertungen ein. Vor dem lauten Geräusch eines tief fliegenden Militärjets oder dem aggressiven Bellen eines Hundes haben wir Angst. Die liebevolle Stimme der Mutter oder eine schöne Musik entspannt uns dagegen und gibt Vertrauen. Mit der Zeit bestimmen wiederholte Sinneseindrücke, die ähnlich oder gleich bewertet werden, die Muster, die sich im Unterbewusstsein festsetzen und uns von nun an mit einer gewissen Eigendynamik bestimmen. Wir können sie zwar ändern, das erfordert aber ein bewusstes verändertes Denken, Bewerten und Handeln.

Ein weiterer Einfluss können Prägungen von Eltern und Ahnen, genetisch und feinstofflich, sowie Prägungen karmischer Natur aus früheren Leben sein.

Das Unterbewusstsein wirkt letztlich wie ein Steuerungsorgan für unseren Alltag, das Dinge anzieht, die wünschenswert und vielversprechend sein mögen, und andere abstößt, die gefährlich erscheinen.

Was ist Überbewusstsein?

Überbewusstsein ist eine Form, ein Zustand oder ein Schwingungsfeld des Bewusstseins, das ganz offen für feinstoffliche, rein geistige Erscheinungen ist, die jenseits von Raum und Zeit sind. Es ist mit den höheren Dimensionen des Göttlichen verbunden. Es hat auch ständigen Kontakt zur Akasha-Chronik, dieser göttlichen Dimension, wo alles Wissen vorhanden ist.

Was versteht man unter dem freien Willen des Menschen?

Der freie Wille ist ein Geschenk Gottes, das den Menschen befähigt, sich stets frei für oder gegen die Angst und für die Liebe zu entscheiden.

Angst gibt uns das Gefühl, einsam und von Gott getrennt zu sein. Liebe ist lichtvoll, kann alles durchdringen, gibt uns Vertrauen und lässt uns Gottes Gegenwart spüren.

Der Mensch kann zwar nicht immer bestimmen, was auf ihn zukommt, weil dies von mehreren Beteiligten abhängt, jedoch ist er stets frei, zu bestimmen, wie und mit welchem Bewusstsein und Vertrauen er allem begegnet. Diese innere Kraft ermöglicht eigene Authentizität und die Fähigkeit, die eigene innere Wahrheit leben zu können.

Was versteht man unter geistiger Anbindung?

Ist der Mensch in seiner inneren Besinnung, das heißt, seine Gedanken sind klar, seine Emotionen liebevoll, sein Handeln ist ruhig und aufmerksam, so ist er, wie eine Lichtsäule, aufgerichtet zwischen Himmel und Erde und mit den geistigen, himmlischen Kräften verbunden. Dadurch ist es verständlich, dass diese Anbindung, sein konsequenter Glaube an das Gute und die Reinheit seines Anliegens ihn sensibel, außergewöhnlich und auch erfolgreich machen können.

Für die Erfüllung des Lebenssinns sind die geistige Anbindung und die Verbindung zum Schutzengel unerlässlich, sonst läuft man Gefahr, am Wesentlichen vorbeizuleben.

Die geistige Anbindung kann vom Menschen vollkommen blockiert werden, wenn er sie ablehnt, wenn er nur an die Materie glaubt, Gott und die geistigen Welten leugnet und/oder wenn der Mensch sich vorwiegend in negativem und ablehnendem Gedankengut befindet. Aber was versteht man überhaupt unter geistiger Anbindung?

Es ist ein dauerhafter Bewusstseinszustand, der von den Höhen und Tiefen des Lebens unabhängig ist. Er ist immer da und jedem zugänglich. Wir leben alle unter demselben Himmel, und somit ist die geistige Anbindung nicht nur für einige wenige reserviert, sondern für alle schon vorhanden. Die Frage ist also nicht, ob sie existiert, sondern vielmehr, wie wir sie nutzen können.

Die geistige Anbindung ist die Gewissheit, mit den höheren Lichtsphären der göttlichen Allmacht verbunden zu sein. Sie ist ein Lichtfluss zwischen Menschen und Himmelskräften, der sich verstärkt, wenn wir in reiner Absicht, Freude und Urvertrauen im Herzen lächeln und die Bereitschaft spüren, uns in unserer Individualität der Intuition, der Herzenssprache und dem Leben zu öffnen. Dann schwingt unsere Liebes- und Herzensenergie mit den lichtvollen Kräften.

Das Göttliche kann uns der Weisheit näherbringen und uns den Umgang mit dem Leben lehren. Wir können im privaten wie im beruflichen Leben selbstsicherer in unseren Entscheidungen und dadurch erfolgreicher sein. So können wir viel Licht und persönliches Glück anziehen.

Kann der Mensch über seinen Geist Nutzen aus der Akasha-Chronik ziehen?

Die Akasha-Chronik ist ein alles umfassendes energetisches Feld, das alle Erfahrungen jeder Seele mit ihrem Geist und das gesamte kosmische Wissen enthält.

Während jeder Mensch in sein momentanes, für diese Inkarnation auserwähltes irdisches Zuhause gefunden hat, bleibt er trotzdem mit seiner himmlischen Heimat verbunden. Das heißt, in den himmlischen Sphären ist sein Geist mit allem und mit all seinen bisher gemachten Erfahrungen verbunden. Dies gibt dem Menschen Lebenskraft und Struktur für seine Lebensaufgabe und seinen Lebenssinn.

Die Akasha-Chronik ist sehr wichtig für die geistige Ausrichtung und Wegfindung in diesem Leben. Man ist mit dieser Dimension über sein höheres Selbst verbunden. Diese Verbindung ist normalerweise nicht unmittelbar herzustellen, sondern äußert sich in Form von innerem Wissen oder auch »Geistesblitzen«.

Was sind Gebete und wie wirken sie?

Gebete und Segnungen zählen vermutlich zu den ältesten Heilkräften überhaupt. Sie sind aus allen Kulturkreisen und Religionen bekannt. Wenn Worte mit Gefühlen verbunden werden, um damit auf die Ebene der Tat, der irdischen Verwirklichung, zu kommen, dann ist das ein Schritt, um unseren Zielen näher zu kommen. Gebete und Segnungen sind eine Heilmethode, die wir selbst ausüben können. Sie bringen Klarheit und führen zur Eigenverantwortung und Selbstständigkeit, und das im Sinne eines ganzheitlichen Bewusstseins, da wir einerseits selbst aktiv werden und uns andererseits die enge Verbindung mit Gott, den Engeln und der ganzen Schöpfung bewusst machen.

Bei Gebeten bitten wir um Hilfe und Heilung von einer höheren Ebene und mit höheren Kräften. Diese sind zwar auch in uns vorhanden, aber wir können sie nicht immer wahrnehmen und einsetzen. Deshalb bitten wir darum, dass diese Kräfte uns in bestimmten Sitationen stärker zufließen beziehungsweise deutlicher spürbar und nutzbar werden.

Vom Intellekt wissen wir oft, welche Eigenschaften für das Wachstum unserer Persönlichkeit notwendig sind, aber wir können es oftmals gerade dann im Herzen nicht spüren, wenn wir es brauchen. Wenn wir es aber im Herzen nicht leben, so tun wir uns dann meist auch schwer, eine Lösung für unsere Probleme zu finden. Manchmal kann es sehr lange dauern, um eine Herzenseigenschaft authentisch und dauerhaft entwickeln zu können.

In solchen Fällen helfen uns Gebete. Denn Gebete gehen viel tiefer in unsere Seelenebene zum höheren Selbst als zum Beispiel Affirmationen und verändern unseren Charakter heilend. Diese Entwicklung verursacht auch positive Veränderungen im äußeren Umfeld. Die Wahrnehmung der äußeren Veränderungen wiederum stellt eine Möglichkeit dar, die eigene wahrhaftige Entwicklung zu überprüfen.

Das Wesentliche im Umgang mit Gebeten ist auch, dass wir durch die Kraft und das Sprechen der Gebete Geduld üben. Und Geduld ist die wahre Meisterschaft eines jeden Menschen und die Basis für Urvertrauen und Liebesfähigkeit. Sprechen Sie das für Sie passende Gebet drei Wochen lang dreimal am Tag, morgens, mittags und abends.

Wenn Sie spüren, das Gebet berührt Sie noch innerlich und das Thema ist noch nicht gelöst, so sprechen Sie das gewählte Gebet weitere drei Wochen lang zweimal am Tag, morgens und abends. Bei Bedarf wiederholen Sie das Gebet weitere drei Wochen lang einmal am Tag, morgens.

Sie können spüren, wie Sie mit jedem Tag immer mehr Erkenntnisse sammeln, sich durch innere Erlebnisse entfalten und sich auch die äußeren Gegebenheiten durch Ihre Weisheit verändern können.

Der Himmel erwartet nicht, dass Sie zwingend vorgegebenen Gebeten folgen, wenn sie für Sie nicht stimmig sind. Sie sind ganz frei und sollten sogar Ihre Gebete so formulieren, wie es Ihrem Herzensanliegen entspricht und wie es für Sie zum jeweiligen Zeitpunkt stimmig ist. Nutzen Sie die Kraft der Gebete, ob selbst entwickelte oder vorgegebene, die Hauptsache ist, dass Sie es aus liebe-, vertrauensvollem und geduldigem Herzen und tiefem Gottvertrauen tun.

Was ist eine Affirmation?

Das Wort »Affirmation« stammt aus dem Lateinischen und bedeutet »befestigen«, »bekräftigen«, »versichern« und »beteuern«. Im spirituellen Sinne bezieht sich eine Affirmation auf individuelle und kollektive Gedanken, Handlungen und Aussagen mit durchaus sehr unterschiedlichen Zielen, zum Beispiel Selbstheilung, Erkenntnis, Erleuchtung usw.

Affirmationen sind positive Sprüche, die den Menschen helfen können, beispielsweise durch positives Denken, sich selbst günstig und vorteilhaft zu beeinflussen. Da jedoch Affirmationen häufig nicht bis zur Seelenebene durchdringen, ist es oft sinnvoll, sie in Gebetsform umzuwandeln und die geistige Welt um Unterstützung zu bitten.

Wie kann ich mich vor schwarzer Magie schützen? Bekanntlich gibt es ein Resonanzprinzip oder »Gesetz der Resonanz«. Es besagt, dass wir Dinge durch Gedanken, Gefühle und Handlungen anziehen. Das bedeutet dann auch, dass wir aufgrund unserer

versteckten oder offenen Ängste auch belastende Kräfte und weniger lichtvolle Energien anziehen können. Diese Kräfte – obwohl von uns selbst angezogen beziehungsweise ausgelöst – wirken so, als ob es fremde, von außen kommende Dinge, Situationen oder Geistwesen wären, die uns bedrängen.

Einfache Einstimmungen, um gar nicht erst offen für solche Kräfte zu sein, sind vor allem:

- Stärken Sie Ihren Glauben an das Gute des Himmels, des Menschen und der Erde.
- Wenn Sie an die Macht der Angst »glauben«, so wird der Boden für ängstliche Irritationen bereitet.
- Wenn Sie nicht an die Angst, sondern an die Liebe glauben, so wird die Angst verringert, denn in reiner Liebe ist die Angst niemals vorhanden.

Erst durch den Weg der Demut und durch die Entwicklung eines unerschütterlichen Glaubens an das Gute sind Sie in der Lage, mit der Macht der Liebe positiv umzugehen.

Es gibt aber tatsächlich auch Menschen, die sich bewusst gegen das Licht und gegen die Liebe entschieden haben und Macht über andere besitzen möchten. Diese Menschen arbeiten über das Resonanzprinzip mit den Ängsten ihrer Opfer. Sie benutzen Flüche, womit sie diese negativ gepolte Energie in das Opfer einpflanzen, was dann zu Misserfolg und Krankheiten führen kann, und/oder vollziehen Besetzungen, worüber sie den Menschen dann in seinen Gedanken und Gefühlen beeinflussen können.

Es gibt eine Reihe von Gründen, warum Menschen auf dem geistigen Weg sich mehr oder weniger intensiv mit weniger lichtvollen Energien auseinandersetzen müssen. Ich nenne hier einige wichtige: die Stärke Ihrer Fähigkeiten, die Größe Ihrer Aufgaben, karmische Erlebnisse, bestehende Ängste.

Wenn Sie die folgenden Glaubenssätze in sich verankern, können sie Ihnen helfen, aus der angstvollen Resonanz herauszukommen:

- »Glaube an die Liebe Gottes.«
- »Stärke dein Urvertrauen.«
- »Vertraue auf das Gute im Menschen.«
- »Öffne dein Herz für deine Mitmenschen.«
- »Orientiere dich an lichtvollen Vorbildern.«
- »Umarme die Welt.«
- »Liebe dich selbst!«

Es geht also darum, das Gute in sich, in anderen, im Leben und in der Welt noch mehr zu entdecken, zu stärken oder weiterzuentwickeln. Mit dieser Ausrichtung können Sie eine solide, harmonische, licht- und liebevolle Lebensgrundlage im Alltagsbewusstsein und schließlich auch im Unterbewusstsein aufbauen.

Ich empfehle folgendes Gebet:

»Ich glaube an die göttliche Liebe,
ich glaube an das göttliche Licht,
welches meine Seele erfüllt.
Ich lasse alles Dunkle und Böse los.

Ich bin reine göttliche Liebe.
Ich bin reines göttliches Licht.
Amen.«

Ich habe seit meiner Kindheit die Fähigkeit, Verstorbene zu sehen. Ich bekomme aber Panik und schicke sie weg. Wie kann ich lernen, mit dieser für mich angstbesetzten Situation umzugehen?

Jeder hellsichtig begabte Mensch muss lernen, mit seinen Fähigkeiten umzugehen. Viele Hellsichtige sehen zuerst Verstorbene, weil diese grobstofflicher schwingen als die Engel. Spüren Sie Vertrauen in sich, in die Menschen und in Gott. Werden Sie noch liebevoller zu sich selbst und lichtvoller. Durch die dadurch entstehende höhere Eigenschwingung werden Sie auch die lichtvolleren Wesen der geistigen Welten wahrnehmen können. Dann kann sich die unbewusste und ängstliche Resonanz abschwächen, und immer mehr lichtvolle Geistwesen werden für Sie sichtbar.

Sie werden von Gott und den Engeln geliebt und beschützt. Bitten Sie um Hilfe und Unterstützung. Für die Seelen der Verstorbenen empfehle ich das nachfolgende Abgrenzungsgebet:

»Du bist verstorben,
gehe deinen Weg zum Licht.
Schaue nach oben
und folge den Engeln,
sie weisen dir den Weg.
Amen.«

Ich bin sehr sensibel und kann das Empfinden und die innere Spannung der mich umgebenden Menschen fast körperlich spüren. Ich komme mir dann oft fremd und alleine vor. Wie kann ich mich schützen?

Hierbei handelt es sich um eine mangelnde innere Abgrenzung den Mitmenschen gegenüber. Durch Ihre Sensibilität und Ihre eigenen inneren Muster und Blockaden kommen Sie in die Resonanz mit den Ängsten Ihrer Mitmenschen. Stärken Sie Ihr Urvertrauen, Ihren Glauben an das Gute und Lichtvolle und Ihre Selbstliebe (siehe Seite 199 – »Liebe und Selbstliebe«). So werden Sie es schaffen, eine gesunde Abgrenzung gegenüber den Emotionen anderer zu bewahren, indem Sie den anderen ihre Empfindungen zugestehen, ohne darauf zu resonieren, während Sie in Liebe ruhen.

Was bezeichnet man als Aura des Menschen?

Jeder Körper hat ein eigenes Energiefeld. Dieses Energiefeld besteht aus der Aura und den Chakras. Die Aura wird von einer feinstofflichen Energiehülle um den Körper herum gebildet. Die Chakras sind feinstoffliche Energiezentren im Körper. Das Energiefeld des Körpers schwingt mit dem Energiefeld der Erde und des gesamten Kosmos zusammen. Es ist nicht nur für die Heilung, sondern auch für das alltägliche Leben notwendig, immer wieder frische und reine Kraft aus den göttlichen lichtvollen Ebenen des Universums »zu tanken« und sich dadurch aufzurichten, neu einzustimmen und weiterzuentfalten.

Die Aura ist eine energetische Dichte um den Menschen. Ihr Ausdruck spiegelt den seelischen, geistigen und körperlichen Zustand der Person wider. Man kann daran auch die spirituelle Anbindung des Menschen an das Göttliche erkennen. Erzengel Jophiel sagt dazu, dass die Aura des Menschen ein Ausdruck der göttlichen Energie auf der irdischen Ebene ist.

Die Aura hat quasi keine Grenze und kein Ende, sondern wird mit zunehmender Entfernung zum Menschen immer energieärmer und damit auch für einen Hellsichtigen immer weniger sichtbar.

Da alle Materie die maximale Verdichtung der Energie darstellt, hat auch jedes Lebewesen auf der Erde eine Aura. Materielle Gegenstände haben auch ein Energiefeld, das aber anders beschaffen ist als die Aura. Eine Aura ist im Gegensatz zu einem gegenständlichen Energiefeld an lebende Zellen gebunden und somit veränderbar.

Die komprimierte Aura ist von Person zu Person unterschiedlich weit ausgedehnt. Ich erlebe, dass sie bei vielen Menschen oft ungefähr einen Meter um den Körper herumreicht.

Je mehr ein Mensch sich für heilsame Kräfte öffnet und bewusst auch an der eigenen ganzheitlichen Heilwerdung arbeitet, desto mehr lichte Schwingungen nimmt er auf und umso weiter dehnt sich seine noch deutlich sichtbare Aura aus – bis zu etwa zwei Metern.

Je mehr sich ein Mensch für die lichten geistigen Welten öffnet, desto transparenter wird seine Aura. Seine sichtbare Aura kann sich dann sogar bis zu drei Metern ausdehnen.

Die Aura verändert sich und verkleinert beziehungsweise vergrößert sich je nach Zustand der Person.

Je mehr ein Mensch von Herzen lebt, desto weiter und strahlender ist seine Aura.

Wie kann man lernen, die Aura zu sehen?

Prinzipiell ist es jedem Menschen möglich, die Aura zu sehen. Aurasichtigkeit heißt, in die feinstofflichen Ebenen zu schauen, mit reinem Blick und ohne jede Bewertung.

Hier eine einfache Übung:

- Bitten Sie die lichtvolle geistige Welt um Hilfe und Führung.
- Und entscheiden Sie sich ganz klar dafür, mit den Erfahrungen, die Sie vielleicht bekommen, integer umzugehen.
- Sie sollten nur mit einem Menschen üben, der freiwillig mitmacht.

  - Blicken Sie auf die Brustmitte der Person.
  - Nun weiten Sie Ihren Blick so, dass Sie nicht nur die Brustmitte, sondern auch beide Körperseiten links und rechts wahrnehmen.
  - Danach lassen Sie Ihren Blick noch weiter werden, sodass Sie die Schultern und Arme ohne die Ränder der Kleidung, ohne bewusste Fokussierung, beobachten.

- Nehmen Sie wahr, wie die Farben der Kleidung aussehen und strahlen.
- Lassen Sie Ihren Blick ruhig und stetig und stellen Sie fest, ob sich das, was Sie wahrnehmen, verändert oder nicht. Viele Menschen stellen bei diesem Schritt fest, dass sie mehr und mehr feinstoffliche Schwingungen, Energien oder sogar Farben sehen beziehungsweise spüren.
- Achten Sie dabei darauf, ruhig zu atmen und gelassen zu bleiben.
- Nun führen Sie Ihren Blick gezielt im Uhrzeigersinn um den ganzen Körper herum. Sie können so etwas wie einen Glanz wahrnehmen oder so etwas wie Wasserwellen, die auch farbig getönt sein können. Sie werden vermutlich auch sehen, wie weit sich diese transparente Ausstrahlung um den Körper herum ausdehnt.

Worum handelt es sich bei der unsterblichen menschlichen Seele und dem menschlichen Geist?

Bereits in der Antike sprachen die Menschen von der Seele als einer von den Göttern eingehauchten Lebenskraft. Für Platon war es das »rationale Wesen« des Menschen. Im Mittelalter suchten die christlichen Denker im Innern des Menschen nach Gott. Für den französischen Philosophen, Mathematiker und Naturwissenschaftler

Rene Descartes (1596 – 1650), der als Begründer des modernen frühneuzeitlichen Rationalismus bezeichnet wird, war die Seele die denkende Substanz, die unabhängig vom Körper existieren kann (»Ich denke, also bin ich.«).

Im 18. Jahrhundert ersetzten die Philosophen die Seele immer mehr durch Begriffe wie Bewusstsein und das Selbst.

Ab dem 20. Jahrhundert will die Wissenschaft von einer Seele längst nichts mehr wissen. Aus Sicht der modernen Hirnforschung sind alle geistigen Phänomene nichts anderes als neurobiologische Prozesse.

Der Mensch ist jedoch ein geistiges Wesen, denn er ist nicht nur ein materieller Körper, sondern sein Leib wird beseelt von seinem Geist und seiner Seele. Alle diese Schwingungen sind göttliche Energien.

Der Geist ist eine übergeordnete Instanz, die beim Denken inneres Wissen und Klarheit schenkt. Es ist eine energetische Hülle, die den menschlichen Körper während der Inkarnation umgibt und ihm die Möglichkeit bietet, über sein Überbewusstsein Kontakt zur Akasha-Chronik aufrechtzuerhalten und durch Klarheit der Gedanken über das »universelle Hellwissen« zu verfügen, durch das Erkenntnisse und Inspirationen in ihn hineinströmen.

Jeder Mensch kennt bewusst wie auch unbewusst diese Kraft, wenn er plötzlich Einfälle, Geistesblitze oder stimmiges inneres Wissen hat.

Innerhalb der Sterbephasen geht die Geisteshülle als Erstes aus dem sterbenden Körper heraus und steigt langsam, nach und nach als weiß-silberne Energie, nach oben, um in der Akasha-Chronik die bisherigen Lebenserfahrungen und das erlangte Wissen zu speichern und dort bis zu einer Wiedergeburt zu verweilen.

Die Seele ist der Sitz der Emotionen und ermöglicht es dem Menschen, sich Inkarnation für Inkarnation aus dem angstvollen Verhalten in einen liebevollen Zustand der All-Liebe zu entwickeln. Sie ist eine durchsichtige Hülle, erfüllt mit sonniggelbem Licht, die die Emotionen des Menschen in sich trägt und die dauerhafte Entwicklung der inneren Werte ermöglicht.

Die Seele tritt beim Sterbenden als Letztes aus. Deshalb sind die Sterbephasen für die weitere Entwicklung der Seele besonders wichtig. Während der Geist schon ausgetreten ist, bleibt die Seele als reine Emotion zurück. Hier kann sie nochmals das Leben völlig unverfälscht und frei von der rationalen Beurteilungskraft des Geistes erleben.

Was sind Engel und welche Arten gibt es?

Engel sind Lichtschwingungen Gottes. Sie unterstützen die Entwicklung der Welt und der Menschheit. Sie unterscheiden sich durch ihre Aufgaben.

Es gibt unzählig viele Engelarten, so viele, wie es Aufgaben im Kosmos, auf der Erde, bei den Menschen und Tieren gibt. Für das menschliche Verständnis können wir die Engel grob in drei große Gruppen einteilen. Es gibt eine rein göttliche Ebene und drei Hauptgruppen von Engeln mit jeweils drei Untergruppen. Diese drei Hauptgruppen mit ihren Untergruppen unterscheiden sich nach ihren Aufgaben.

Die erste und höchste Engelgruppe hat die Aufgaben, das Wissen der Schöpfung zu bewahren, indem sie das Unreine und Schwere verbrennt (Seraphim), die Weisheit der Schöpfung erhält (Cherubim) und das Gleichgewicht der Kräfte auch in Geburt und Tod aufrechterhält (Throne).

Die zweite und mittlere Engelgruppe sorgt dafür, dass das göttliche Wissen so »aufbereitet« wird, dass es den Menschen mit ihren Auffassungs- und Verständnismöglichkeiten überhaupt zugänglich wird.

Diese Engel besingen die göttliche Schöpfung und bringen göttliche und irdische Kräfte zueinander in Bewegung. Sie inspirieren die Erde, zum Beispiel über Kunst und Kreativität. Diese Engel haben auch die Aufgabe, die Harmonie in der gesamten Schöpfung zu bewahren, indem sie das Leid aufnehmen, das von der Erde »aufsteigt«, und es über lange Zeit hindurch mit göttlicher Kraft erfüllen und umwandeln.

Die Lobpreisengel zum Beispiel sind hohe in sich gekehrte Engelgestalten, deren »Gewand« einen zarten Orangeton aufweist. Sie stehen in Reihen hintereinander. Während sie die Schöpfung besingen, wiegen sie sich wie in einem Tanz, bei dem sich die Reihen aufeinander zubewegen und miteinander schwingen.

Zur dritten Engelgruppe zählen die Engel, die dem Menschen am nächsten stehen, etwa Schutzengel, Heilengel und Familienengel.

Die Aufgabe der Engel dieser dritten Gruppe ist es, den Menschen aktiv bei seiner Seelenentwicklung und seiner persönlichen Entfaltung sowie bei der Erfüllung seiner Aufgaben zu unterstützen.

Kristallengel

Die sogenannten Kristallengel gehören auch zu dieser dritten Gruppe. In unserer Zeit haben sie die Aufgabe, die Evolution voranzutreiben. Sie stehen im Kontakt zu den Menschen und führen sie auf die Zukunft hin, auf Entwicklungsmöglichkeiten, auf künftige Aufgaben der gesamten Gesellschaft, und sind nicht für persönliche Belange zuständig.

Schutzengel

Schutzengel sind mit einem einzelnen Menschen verbunden und schützen seinen spirituellen Lebensweg. Der Schutzengel verlässt seinen Schützling niemals. Er begleitet ihn vom Jenseits durch das Leben, durch den Tod hindurch, wieder ins Jenseits und bleibt auch dort mit ihm verbunden. Die Aufgabe des Schutzengels ist es, den Menschen in seiner gegenwärtigen Situation, seinem persönlichen Wachstum und seiner Entwicklung zu unterstützen. Er berührt seinen Schützling über die Herzensebene mit sanften Impulsen, die auf der mentalen, emotionalen und seelischen Ebene wirken und ihm Klarheit über sich und seinen Weg bringen.

Heilengel

Es existiert eine Dimension der Heilkraft, ein »Himmel der Heilung«. Wenn Sie selbst (oder ein Therapeut) die lichtvolle geistige Welt um Heilung und Heilkraft bitten, können Sie sich somit mit einem bestimmten »Heilkrafthimmel« verbinden, in dem es besondere Heilengel gibt. Diese Heilengel sind dann unterstützend bei Therapien, Meditationen, Übungen oder einer anderen Form der Heilung, vor allem auch bei der Selbstheilung anwesend.

Heilengel sind etwas kleiner als Menschen und schweben über ihnen. Sie zeigen sich in erster Linie in einem hellvioletten Gewand, in einem hellvioletten Licht, über das der Mensch während der Behandlung oder Meditation an den Himmel angebunden ist. Im Inneren des Gewandes befindet sich zartgrünes Licht, das den Kern von Heilkraft zum Ausdruck bringt. Diese Engel schweben ständig, sie sind ganz gesammelt und konzentriert auf das, was der Mensch von Herzen bereit ist abzugeben und was er auch bereit ist, von ihnen als Heilkraft anzunehmen.

Heilengel arbeiten nicht mit dem, was der Mensch denkt, sondern mit dem, was in ihm lebendig ist. Sagt zum Beispiel der Mensch: »Bitte nehmt mir meine Beschwerde fort, ich bin bereit dazu«, in ihm lebt aber vielleicht die Wahrheit: »Ich brauche diese Blockade noch eine Weile und bin jetzt nur bereit, einen kleinen Schritt zu gehen beziehungsweise nur etwas davon loszulassen«, dann werden die Heilengel auch nur einen kleinen Teil seiner Schmerzen und seines Leidens abtragen und auflösen können. Deswegen ist es bei allen Erkrankungen wichtig, sein lichtvolles Ich, sein Urvertrauen und sein Vertrauen in Gott und die Schöpfung und die lichtvolle geistige Welt zu stärken.

Erzengel

Erzengel sind überdimensional große, weltumspannende Energieformen, denen gewisse Aufgaben an der Menschheit zugeordnet sind. Sie können sich aufteilen und überall gleichzeitig erscheinen, in einer überschaubaren Größe, in der der Mensch sie wahrnehmen kann.

Erzengel Michael

Bei Erzengel Michael handelt es sich um eine riesige rote »Energiewolke«. Seine Aufgabe ist es, dem Menschen dabei zu helfen, die Angst zu überwinden beziehungsweise loszulassen, um sich für die immerwährende Verbundenheit mit Gott bewusst zu öffnen. Der Mensch hat dabei die Aufgabe, die Vergangenheit durch ein Zur-Ruhe-Kommen und die Entwicklung der Furchtlosigkeit loszulassen.

Früher wurde der Erzengel Michael vielfach mit einem Lichtschwert als Symbol des Christuskreuzes oder mit einer Lanze als Symbol der Herrschaft Christi dargestellt. Der besiegte Drache, der sich oft auf solchen Darstellungen findet, symbolisiert den Sieg der spirituellen Erkenntnis über die Angst.

Erzengel Gabriel

Erzengel Gabriels Aufgabe ist es, das Neue zu fördern und die Tatkraft für die vor einem liegenden Aufgaben zu stärken. Nur über das Herz wächst der Mut für die Gestaltung des Lebens, nur über das Herz wird Lebensmut immer wieder aufgebaut. Es ist wichtig, das Vergangene loszulassen, um sich auf das Neue einlassen zu können.

Gabriel zeigt sich in einem lichtvollen weißen Gewand, mit einer lichtvollen grenzenlosen Ausstrahlung. Früher wurde er mit einer Lilie in der Hand dargestellt, oft mit weiblichen Zügen.

Erzengel Samael

Erzengel Samael zeigt sich in einem tiefvioletten Licht und trägt Hoffnung in schwierige Lebensabschnitte. Er hilft uns, den vorgenommenen Weg beizubehalten, auch wenn inzwischen Schwierigkeiten aufgetreten sind.

Samael hat auch mit Ausdauer zu tun. Sein Wirken bezieht sich auf Familie, Beziehungen und Kinder.

Erzengel Raphael

Erzengel Raphael steht für die Heilkunst des Himmels. Er ist auch für die Wahrnehmung aus einem Bewusstsein für die Gegenwart zuständig, also dafür, sich nicht von Vergangenheit oder Zukunft in der klaren Sicht beeinträchtigen zu lassen. Während Michael vor allem mit Vergangenheitsbewältigung zu tun hat und Gabriel mit der Ausrichtung auf die Zukunft, lenkt Raphael unseren Blick auf die Gegenwart, auf das Hier und Jetzt.

Früher wurde er meist als Pilger mit Stab, manchmal auch mit Fisch beziehungsweise Wasserflasche in der Hand dargestellt, häufig mit einem langen grünen Rock. Heute strahlt er in lichtvollem, grünem, heilendem Licht und Zartviolett.

Erzengel Zachariel

Erzengel Zachariel begleitet uns in seinem himmelblauen Licht auf unserer Lebensreise. Er hat ein »abenteuerliches« Naturell, weil er den Menschen einerseits gern zu einem neuen Abenteuer ermuntert, ihm andererseits aber dabei helfen möchte, das, was er angefangen hat, seine Ziele und Aufgaben, erst zu Ende zu bringen.

Erzengel Anael

Erzengel Anael ist der einzige Engel, der sich schon in früheren Jahrhunderten in weiblicher Gestalt gezeigt hat. Auch ich erlebe Anael immer weiblich. Er steht für die Qualität der Anmut, für den Mut und für die Erinnerung an uns Menschen: »Erkenne deine Schönheit.« Er ermuntert die Menschen, sich mehr um sich selbst zu kümmern, die geistige Anbindung, die Anmut und Schönheit bewusster wahrzunehmen und so mehr zu ihrer Mitte zu finden.

Anael zeigt sich in weiblicher Gestalt in rosafarbenem Licht.

Erzengel Uriel

Erzengel Uriel bringt Ordnung und Harmonie in die Gedanken und den Ausdruck des Menschen. Er steht auch für den Lichtfluss im menschlichen Organismus.

Uriel befindet sich in hohen Himmelsreichen und strahlt segensreiches silbernes Licht aus. Er ist der Hüter vor dem Himmelsparadies, in das nur Engel und die Seelen Verstorbener Einlass finden, die dieselbe Energie der friedvollen Ruhe bereits in sich tragen. Uriel wirkt auch immer dort mit, wo Menschen Segnungen vornehmen.

Familienengel

Jede Familie, jedes Paar mit Kindern, auch wenn es nicht verheiratet ist, hat einen Familienengel, ebenso Alleinerziehende. Der Familienengel stellt sich ein, sobald es Kinder gibt. Er wird von höheren Himmelskräften gesandt beziehungsweise von der Mutter angezogen.

Die Hauptaufgabe des Familienengels ist die Förderung der Harmonie unter den betreffenden Menschen.

Loslassengel

Loslassengel begleiten uns bereits vor der Schwelle ins Jenseits. Mit lichtvollen Gebeten und Gesängen tragen sie die Seelenanteile, die wir nach und nach loslassen, in die geistigen Welten. Dabei schweben sie im Halbkreis über den Sterbenden herum.

Sie strahlen in schlichtem weißem Lichtgewand und sind voller Liebe und Aufmerksamkeit für diese Seele. Sie sind ab dem Zeitpunkt da, zu dem der Geist des Menschen anfängt, sich in die jenseitigen Welten zu orientieren, bevor er den Körper verlässt.

Die Loslassengel helfen mit ihren Gebeten auch dem Geist, sich in die richtige Richtung zur Akasha-Chronik zu orientieren, denn ab da fangen die Sterbephasen an.

Todesengel (Sensenmann)

Die Seele wird immer von dem eigenen Schutzengel über die Schwelle des Todes begleitet. Auf der anderen Seite führt der Schutzengel sie weiter. In manchen Fällen wird man auch von einer lieben Seele begrüßt. Wie ist es nun mit den in verschiedenen Religionen und geistigen Lehren oft genannten Todesengeln oder Sterbeengeln? Dabei handelt es sich um lichtvolle Engel mit einer lichtvollen Aufgabe. Die symbolische Sense dient dabei als durchtrennendes Element.

Diese Engel haben nach dem Tod des Menschen an seiner Seele eine ganz bestimmte Funktion auszuüben. Sie lösen beziehungsweise »durchschneiden« nach dem letzten Atemzug eines Menschen alle energetischen »Fäden«, die die Seele noch mit allen ihren emotionalen Verhaftungen aus ihrem bisherigen irdischen Leben verbinden. Dies geschieht, damit die Seele frei und losgelöst in die geistigen Welten aufsteigen kann, um sich in den höheren Dimensionen weiterzuentwickeln.

In unserer Kultur wird der Todesengel auch gerne mit einer Sense in der Hand dargestellt.

Geburts- und Inkarnationsengel

Neben vielerlei anderen himmlischen Begleitern sind besonders drei Arten von Geburts- und Inkarnationsengeln hervorzuheben, die eine große Rolle im Schwangerschafts- und Geburtsverlauf spielen.

Am häufigsten sind die **Inkarnationsengel**, die etwas kleiner als erwachsene Menschen sind und sich in weiblicher Gestalt zeigen. Sie strahlen in sonnigem Gelb, haben ruhige und fröhliche Gesichter, die die Freude über die Schwangerschaft und den Geburtsprozess ausdrücken.

Die Hauptaufgabe dieser Inkarnationsengel besteht darin, die Entwicklung der Mutter und des Kindes in ihrem Körper zu fördern. Sie sind die gesamte Schwangerschaft hindurch anwesend und unterstützen mit ihrer Energiearbeit die Entwicklungsphasen in den neun Monaten. Diese Engel können sich auch bereits einige Wochen, manchmal sogar Monate vor der tatsächlichen Empfängnis in der Aura der künftigen Mutter befinden. Ihre Aufgabe ist es nämlich auch, die Frau und ihren Körper auf die Empfängnis vorzubereiten.

Dann gibt es noch größere **Geburtsengel** in männlicher Gestalt, die blauviolett strahlen. Während die zuerst genannten Engel in weiblicher Gestalt ihre »Hände« immer an Mutter und Kind halten und sie behüten, beschützen diese Engel in männlicher Gestalt Mutter und Kind, indem sie wie zwei Säulen links und rechts von der Mutter stehen. Während der Geburt befinden sie sich vor Mutter und Kind und bahnen dem Neuankömmling gewissermaßen den Weg ins Leben.

Ein bis zwei Wochen nach der Geburt sind beide Engelarten immer noch gegenwärtig, bis sich alle Energien des Kindes in seiner neuen Umgebung stabilisiert haben. Ab dann übernimmt der Schutzengel des Kindes, der die Seele ja bereits aus dem Jenseits dauerhaft begleitet hat, voll und ganz seine Aufgabe.

Schließlich gibt es noch kleine weiß-gelbliche **Putten**, wie sie oft auch in Barockkirchen dargestellt sind. Sie befinden sich etwa im dritten, fünften und siebten Schwangerschaftsmonat über dem Kopf der Mutter. Mit ihrem »Gesang« erwecken sie allmählich Seele und Geist des Kindes.

Warum geben verschiedene Engelmedien unterschiedliche Farben für die Erzengel an?

Da die Engel keine feste Materie sind, sondern Gottes liebevoller Schwingung entsprechen, können sie sich, je nachdem, was sie mit ihren Farben, Formen und ihrer Gestik aussagen möchten, stets verändern. Denn die Engel reden nicht mit einer phonetischen Sprache, sondern drücken sich in Bildern aus, die unsere Emotionen berühren, und ihre Botschaften werden uns dann in unserem persönlichen Wortschatz bewusst. Doch zeigt sich ein spezieller Engel überwiegend in ein und derselben

Kraft, die sich aber, wie schon erwähnt, flexibel verändern kann.

Zum Beispiel begegnet mir Erzengel Michael überwiegend in den Farben Orange, Rot und Gelb, weil diese die Farben seiner Aufgaben darstellen. Er steht für Mut und Vergangenheitsbewältigung. Für diese Vergebungsarbeit benötigen wir die wärmende Energie von Orange und Rot.

Letztendlich sollte der Leser sich bei geistigen Durchsagen stets auf sein vertrauensvolles Gefühl im Herzen verlassen, auf das, was für ihn am ehesten nachvollziehbar und aus seiner persönlichen Erfahrung am stimmigsten ist.

Wie kommunizieren die Engel mit den Menschen, und wie können wir ihre Botschaften wahrnehmen?

Die Engel kommunizieren mit uns ausschließlich über die Emotion, also über das Gefühl, über unsere Herzenssprache. Dabei sprechen Engel niemals mit einer eigenen Stimme, sondern, wenn eine Stimme entsteht, stets mit einer, die sich wie unsere eigene anfühlt und auch unsere eigene ist, da die Worte in uns entstehen. Alles andere, was man über den Intellekt erfassen kann, ist zu grobstofflich, als dass es auf die Engel zurückzuführen wäre.

Wir können Mitteilungen von einer göttlichen Ebene von Lichtwesen nur über die Emotion, über innere Bilder, empfangen und verstehen. Wenn diese Empfindungen wahrhaftig frei von eigenen Vorstellungen und Prägungen sind, wenn das geistige Bild mit dem Gefühl übereinstimmt, dann stellen sich sozusagen von selbst Worte ein, die diese reine Botschaft auszudrücken vermögen.

Die Engel können eine Schwingung haben, die sich zuweilen wie ein Ton anhört, jedoch im eigentlichen Sinne kein menschliches Wort ergibt.

Sie geben uns in ihren Botschaften die Kraft für unsere Gegenwart und einen Zukunftsimpuls mit. Die Botschaften sind kurze, präzise Hinweise, die alles Wesentliche beinhalten, was der Mensch für seine Entwicklung benötigt und verarbeiten kann.

Bei Engelbotschaften muss beachtet werden, dass über diese nicht zu viel gegrübelt und diskutiert wird, da dies oftmals dann letztendlich dazu führt, dass sie von uns selbst intellektuell so verändert werden können, bis sie der eigenen Wunschvorstellung entsprechen. Dies kann die Entwicklung von lichtvollen Eigenschaften im Menschen verhindern. Die Engelbotschaften können nur mit dem Herzen begriffen werden und auf die Gefühle positiv wirken, wenn der Intellekt dabei zurückgestellt wird. Sollten die Botschaften sich immer wiederholen, so ist das ein Zeichen dafür, dass dieselbe innere Aufgabe immer noch ansteht.

Jeder Mensch kann, wenn er die Bereitschaft dafür hat, selbst Botschaften des Schutzengels erhalten.

Woran können Sie beim Empfang der Botschaft erkennen, dass Sie die Botschaft nicht fantasiert oder ausgedacht haben oder dass Sie nicht in einen weniger lichtvollen Kanal gelangt sind? Daran, dass Sie tief und ruhig atmen, im Herzen liebevoll lächeln und gleichzeitig die Botschaft in klaren, sicheren Sätzen ausdrücken können. Bei allem jedoch, was sich eher kalt und nüchtern anfühlt, sollten Sie Vorsicht walten lassen und das eher nicht als echte Schutzengelbotschaft annehmen. Die Engel teilen sich uns immer auf eine unaufdringliche, sanfte, emotionale Art außerhalb der Logik mit.

Warum sagen die Engel in der Bibel manchmal »Fürchte dich nicht« und dann erst die Botschaft?

Dieses Zitat stammt aus alter Zeit, in der die Menschen noch »grobstofflicher« und vor allem unwissender waren. Sie waren diese hohe Schwingung der himmlischen Feinstofflichkeit nicht gewohnt und somit von der Stärke des Lichtes geblendet und fürchteten sich deshalb vor dem Unbekannten.

Der Anfang der Botschaft, »Fürchte dich nicht«, ist wie eine Begrüßung, die Vertrauen schaffen will und den Menschen zum Zuhören aus seinem vertrauensvollen Herzen heraus bewegen soll. Denn erst dann ist er für die nachfolgende Botschaft offen, kann sie verstehen und umsetzen.

Heute beginnt ein Engel seine Botschaft nicht mehr mit »Fürchte dich nicht«, sondern nimmt seine lichtvolle Gestalt, Farbe und Bewegung direkt so an, wie sie der Botschaft entspricht. Denn der sensible Mensch, der Begegnungen mit Engeln erlebt, ist heute in seiner Feinstofflichkeit und seinen Herzenskräften für die himmlischen Botschaften offener, sodass er sich ohne Angst von der Energie des Engels berühren lassen und die Aussage begreifen kann.

Können auch Engel auf der Erde inkarnieren und haben sie dann auch einen Schutzengel?

Engel können auch als Menschen inkarnieren. Das kommt beispielsweise vor, wenn ein Engel uns Menschen näher sein und auf diese Weise mehr Licht auf die Erde bringen will. Diese Menschen haben ein großes Bedürfnis nach Spiritualität, da sie stark mit ihrem Ursprung, mit ihrer geistigen Heimat, verbunden bleiben. Dabei sind sie sehr bescheiden. Sie würden nie auf die Idee kommen, sich zu fragen, ob sie ein inkarnierter Engel wären. Sie wissen ihre Aufgabe als Mensch zu schätzen. So ein Engel kann auch mehrmals als Mensch auf die Erde kommen. Das ist von seiner Aufgabe abhängig, die er auf der Erde und im Hinblick auf den Menschen zu verrichten hat. Solche Menschen haben eine besonders große Aura, Herzlichkeit und Sensibilität.

Als Menschen brauchen sie auch einen Schutzengel, der sie in ihrer Lebenssinnerfüllung führt. Denn auch sie vergessen mit der Erdenankunft, wie alle Menschen, alles Vergangene, auch bei ihnen wird bereits im Mutterleib der »Schleier des Vergessens« über sie gelegt. Andernfalls könnten auch sie sich auf der Erde nicht zurechtfinden.

Was sind Schutzengel?

Schutzengel sind immer einem einzelnen Menschen zugeordnet. Sie gleichen ihm in seiner Seelenschwingung und begleiten ihn durch dieses eine Leben oder auch durch mehrere Inkarnationen. Diese Boten Gottes können wir intellektuell nicht erfassen, weil sie nicht über den Geist und die Gedanken mit uns kommunizieren. Sie erreichen uns vielmehr über unsere Seele, über unsere ehrlichen und aufrichtigen Gefühle. Jeder erlebt diese sensible, höhere Schwingung, die Wahrnehmung seines Engels durch innere Wahrhaftigkeit und das bewusste Zulassen von Gefühlen wie Hoffnung, Demut und Liebe.

Jeder Mensch hat einen Schutzengel. Mit diesem Engel haben wir in dieser Inkarnation eine ganz besondere Verbindung; er begleitet uns jeden Augenblick unseres Lebens und wird uns nie verlassen.

Unser Schutzengel hat die Aufgabe, uns unsere gegenwärtige Kraft aufzuzeigen, mit der wir die Lebensthemen und Begabungen in Vertrauen und Freude ausleben können, um vertrauensvoll den Weg in unsere Zukunft zu gehen. Er erinnert uns in jeder Sekunde, mit jedem Atemzug und mit jeder Erfahrung an unseren tiefsten Lebenssinn.

Verbinden wir uns in Liebe und Leichtigkeit mit seinem Licht, so kann er uns wertvolle Hinweise geben und uns auf eine lichtvolle Zukunft vorbereiten. Je friedvoller und reiner unsere Absichten sind, desto stärker kann uns unser Schutzengel begleiten und uns mit seinem Licht behütend zur Seite stehen.

Wie viele Schutzengel hat ein Mensch?

Die meisten Menschen haben nur einen Schutzengel. Einige wenige bringen auch zwei Engel als Begleiter mit in dieses Leben. Das heißt jedoch nicht, dass dieser

Mensch schwächer oder besser ist als ein anderer. Die Schutzengel sind vielmehr mit der individuellen Lebensaufgabe verbunden. Hat jemand also zwei innere Lebensaufgaben, so bringt er folglich auch zwei Schutzengel in diese Inkarnation mit.

Hat sich ein Mensch zum Beispiel vorgenommen, einerseits sein aus früheren Leben mitgebrachtes Wissen zu nutzen und andererseits die neue Kreativität der heutigen Zeit zu leben, so sind zwei verschiedene Schutzengel dafür zuständig, ihn in beiden Vorhaben zu unterstützen und seine Persönlichkeit in diesem Leben wachsen zu lassen. Manchmal kann es aber auch passieren, dass ein zusätzlicher Schutzengel im Laufe einer Inkarnation zum bestehenden Schutzengel dazukommt – dann nämlich, wenn eine zusätzliche essenzielle Lebensaufgabe entsteht.

Dazu ein Beispiel: In einer Familie gibt es zwei Mädchen. Die jüngere Schwester stirbt, und die ältere muss nun nach dem tiefen unvorhergesehenen Verlust lernen, neues Vertrauen in das Leben aufzubauen und den Schmerz in Liebe loszulassen. Die verstorbene Schwester ist jedoch reinen Kinderherzens und so lichtvoll und leicht, dass sie durch die Liebe zu den Menschen und im Mitgefühl zu ihrer Schwester all die menschliche Last in sich loslassen kann und selbst zu einem Engel erstrahlt. Jeder Engel erhält eine Aufgabe, und so kann es passieren, dass sie aus Liebe zu ihrer Schwester Gott darum bittet, jener bei ihrer neuen, zusätzlichen Lebensaufgabe schützend zur Seite stehen zu können. Auf diese Weise wird sie schließlich ein zusätzlicher Schutzengel ihrer irdischen Schwester.

Verändert sich ein Mensch durch den bewussten Kontakt mit seinem Schutzengel?

Durch die bewusste und überzeugte Verbindung mit dem Schutzengel gewinnen wir mehr an Urvertrauen. Dadurch können wir auch mehr innere Spannungen abbauen und gelassener auf unsere Umwelt reagieren. In Bezug auf die Gesundheit verändern wir unsere Gewohnheiten ganz hin zu einer entsprechenden Ernährung und Bewegung. Wir gehen liebevoller mit uns selbst und somit auch mit unseren Mitmenschen und der Familie um. Wir können dem inneren Ruf und der geistigen Führung folgen und werden selbstsicherer und erfolgreicher, weil wir mehr im Einklang mit uns sind. Sind wir dadurch glücklicher, ist auch unser Körper gesünder. Wir können unseren Lebenssinn mithilfe des Schutzengels finden.

Wie können überhaupt Unfälle passieren, wenn doch jeder Mensch einen Schutzengel hat, der immer bei ihm ist und ihn beschützen soll?

Es ist ein großes Missverständnis, dass der Schutzengel in die Materie und in unsere Entscheidungen eingreifen kann. Solche Vorurteile entstehen durch mangelndes Wissen über die kosmischen Gesetze und den freien Willen des Menschen. Die Erde ist das »Erfahrungsfeld« des Menschen. Der Mensch hat sein Gehirn und seinen Willen und entscheidet, ob er jetzt zum Beispiel das Auto zu schnell fährt oder nicht. Er hat auch seinen Körper, um seine Entscheidungen zu vollziehen. Diese

Freiheit manipuliert der Schutzengel nicht, sonst wäre er kein Engel. Alles, was mit der Materie zu tun hat, hat der Mensch selbst zu regeln.

Der Schutzengel gibt aber Impulse, beispielsweise jetzt besonders vorsichtig zu sein. Sensible Menschen verspüren dann plötzlich das Gefühl, etwas zu verändern, oft kann der Mensch durch seine innere Spannung diese Impulse aber nicht wahrnehmen.

Der Schutzengel ist eine liebevolle und feinstoffliche Energie, die unsere Seelenqualitäten beschützt und somit für die Entwicklung unserer inneren Werte zuständig ist. Nur über unsere Sensibilität kann er »gehört« werden sowie positiv in unser Leben eingreifen.

Der Schutzengel gibt uns ständig Impulse, nach denen wir frei und glücklich leben können und sollen. Doch wir müssen ihn bewusst von Herzen annehmen, sonst können wir ihn und seine Impulse nicht wahrnehmen. Engel können uns ohne unsere sensible Bereitschaft nicht helfen, sie würden sonst in unser Karma eingreifen. Dafür ist es nötig, sich vermehrt seiner Sensibilität, Intuition und Herzenssprache zu widmen und vertrauensvoll von ganzem Herzen bewusst und liebevoll seinen Alltag zu leben. Dann gehen wir gemeinsam und beschützt mit den Engeln unseren Lebensweg, denn die Engel sind immer da.

Wie sehen die Engel aus?

Die Engel sind Lichter Gottes, also reine Energiefelder. In ihrer Lichtschwingung haben sie keine Form, weil sie nicht an die Materie gebunden sind. Sie nehmen aber für uns Menschen eine Gestalt an, und zwar jene, die wir am ehesten erkennen können. Das tun sie, um sich dem sensiblen Menschen, der dazu von Herzen bereit ist, in Form von Bildern, die die Seele berühren, mitteilen zu können.

Ein Christ wird die Engel eher in den Formen und mit den Gesten wahrnehmen, die er aus der kirchlichen Tradition kennt. Ein Buddhist hingegen wird sie mehr in Form eines Buddhas wahrnehmen. Es geschieht eben immer auf die Weise, die der Mensch seiner Prägung entsprechend einordnen kann.

Die Engel zeigen sich uns so, wie sie uns dort, wo wir in unserer Entwicklung stehen, am besten berühren und abholen können. Deshalb hat auch jedes Zeitalter seine eigene künstlerische und kulturelle Art, die geistigen Wesen darzustellen. Ausschlaggebend bei der Interpretation einer solchen Begegnung sind: die Farbintensität der Erscheinung, die Symbolik, die sich in den »Gewändern« der Engel zeigt, die Gesten der Lichthände und -flügel, ihre Größe, Ausstrahlung und vor allem die Empfindung, die sie im Menschen auslösen.

Zum besseren Verständnis möchte ich hier anführen, dass Engel an sich formlose Energiefelder sind. Wenn sie sich uns in Form eines Menschen mit Flügeln darstellen, sind die Flügel in der Vorstellung der Menschen und ist so das Abbild der Engel entstanden. Engel benötigen selbstverständlich keine Flügel zum Fliegen. In Wirklichkeit handelt es sich bei den »Flügeln« um eine einhüllende Geste.

Welche Verbindung besteht zwischen meiner Aura und meinem Schutzengel?

Wenn wir in Liebe und Harmonie sind, schwingen wir so leicht und strahlend wie unser Schutzengel. Dann verbindet sich unsere Aura ganz mit seinem Licht, sodass wir eine besonders heilsame Ausstrahlung bekommen.

Sind wir im Unfrieden, so schwingen wir konträr dem Licht des Engels, sodass wir die Verbindung mit ihm über unsere Aura nicht zulassen und er sich außerhalb aufhalten muss.

Bei atheistisch denkenden Menschen, die ausschließlich an die Materie und die Wissenschaft glauben, habe ich schon beobachtet, dass der Schutzengel sehr weit entfernt steht.

Bei einem äußerst aggressiven und atheistischen Wissenschaftler sah ich, dass sich der Schutzengel geduldig wartend in einer Entfernung in etwa vier Metern von ihm entfernt aufhielt.

Wie lange werden wir von unserem Schutzengel begleitet?

Am Beginn einer Inkarnation steht die Seele in den Himmelshöhen mit ihrem Schutzengel. Dieses Bild ist mit einem hohen Berg im Nebel vergleichbar, auf dem die Gestalt einer durchscheinenden Seele und die Lichtgestalt eines Engels zu sehen sind. Sie kommunizieren miteinander darüber, welche Erfahrungen für die Weiterentwicklung der Gefühle für ihren Lebenssinn durch ein neues Leben sinnvoll sind.

Der Schutzengel gibt aus seiner überdimensionalen Sicht Empfehlungen, und die Seele entscheidet sich nach eigenem Erspüren, was sie sich zutraut und was noch nicht. Es entwickelt sich ein Lichtpfad, aus dem die Richtung, die Gegend und die Menschen für die neue Inkarnation angezogen werden.

Die Seele begibt sich auf eine neue Inkarnationsreise zu den Menschen auf dieser Erde. Der Schutzengel hüllt diese Seele mit seinen großen Lichtflügeln ein und trägt sie hütend auf die Erde hinunter. Bei der Zeugung ist der Schutzengel des werdenden Kindes also schon da.

Während der ganzen Schwangerschaft befindet er sich vor der werdenden Mutter und hüllt das werdende Leben weiterhin ein.

Nach der Geburt behütet der Schutzengel den Menschen auf dem Weg zur Erfüllung seines Lebenssinns, den er sich vor der Inkarnation gemeinsam mit dem Engel vorgenommen hat.

Nach dem letzten Atemzug verlässt die Seele wieder den Körper und geht hinauf in die Himmelswelten. Auch jetzt umhüllt der Schutzengel die Seele wieder mit seinen Lichtflügeln und ist bestrebt, dass sie das Licht, das sie bereit ist anzunehmen, erreicht.

Wenn die Seele sich dann wieder für eine Inkarnation entscheidet, überlegt sie aufs Neue mit ihrem Schutzengel, welcher Lebenssinn jetzt angegangen werden sollte. Sollte die Seele ihren Lebenssinn, etwa Urteilslosigkeit, des vorherigen Lebens mithilfe des Schutzengels erreicht haben, so kann ihr ein neuer, anderer Schutzengel begegnen, der ihr in der neuen Entwicklung am besten helfen kann. Der vorherige Schutzengel verbindet sich dann mit einem anderen Schützling, dessen neue Lebensaufgabe der Qualität des Engels entspricht, oder er steigt als Engel auf und übernimmt globale Aufgaben. Sollte jedoch die vorherige Lebensaufgabe, also der Lebenssinn der vorherigen Inkarnation, nicht erreicht worden sein, dann werden die Seele und der vorherige Schutzengel es gemeinsam immer wieder so lange wiederholen, bis der Sinn erfüllt ist.

Die Seele bleibt aber trotzdem immer mit dem Licht seiner vorherigen Schutzengel verbunden. Denn diese erinnern sie weiterhin in der Seelenschwingung ihrer inneren Erinnerung und ihrem inneren Ruf daran, wer sie ist.

Auf welche Fragen kann man von den Engeln eine Antwort bekommen?

Grundsätzlich kann man den Engeln alle Fragen stellen und in allen Angelegenheiten Hilfe bekommen. Voraussetzung dafür ist die Reinheit der Absicht, denn die Engel sind absolut reine Seelenkräfte.

Das bedeutet, dass Sie sich der Stimmigkeit und Absicht Ihrer Fragen vergewissern und ganz bewusst sein müssen.

Wenn Sie bei einer Frage, die Sie dem Engel stellen möchten, frei und tief atmen und dabei Liebe und ein Lächeln in Ihrer Brust wahrnehmen können, dann entsteht in Ihnen eine klare, kurze Frage, die es Ihnen auch ermöglichen wird, eine klare, kurze Antwort Ihres Schutzengels zu erleben, zu spüren, zu sehen, zu verstehen, zu formulieren und umzusetzen.

Dies funktioniert jedoch nicht, wenn Sie unreine, egoistische Fragen an den Engel stellen, wie etwa Fragen aus purer Neugierde oder Kontrollzwang usw.

Die Engel geben Ihnen auch niemals ein Ja oder Nein zur Antwort. Deshalb kann man sie auch nicht über ein Pendel oder Ähnliches befragen. Denn mit Ihrem freien Willen haben Sie immer selbst die Entscheidung für Ihr Handeln zu treffen und die Folgen zu durchleben. Die Engel schenken Ihnen ein klares Gefühl, mit dem Ihnen die Entscheidung leichterfällt.

Engel lassen sich auch nicht auf Wahrsagerei ein, denn Sie selbst bestimmen über Ihren Lebensweg und über den Verlauf Ihres Schicksals mit jedem Atemzug und jeder Entscheidung neu. Wir bringen in jede unserer Inkarnationen innere Vorhaben mit und entscheiden immer wieder aufs Neue über den Umgang mit den äußeren Gegebenheiten.

Bei beruflichen Fragen zum Beispiel darf ein Engel Impulse für die richtige Richtung geben und Ihre Fähigkeiten zum heutigen Zeitpunkt aufzeigen. Wie lange jemand aber braucht, um ein Ziel zu erreichen, und was das für ein Ziel ist, kann nur der Mensch selbst – bewusst oder unbewusst – entscheiden!

Bei privaten Entscheidungen wird ein Engel niemals sagen: »Verlasse diesen Menschen«, oder: »Bleibe bei diesem Menschen.« Er wird Sie vielmehr im eigenen freien Willen unterstützen und einen Impuls für die richtige Richtung vorgeben.

Er wird zum Beispiel sagen oder symbolisch zeigen: »Du hast hier noch eine Aufgabe.« Nicht aber: »Du musst hierbleiben.« Er wird vermitteln: »Folge deinem inneren Weg.« Nicht aber: »Geh weg von dort.« Diese Aussagen gelten für Beziehungen, aber auch für Umzüge, Arbeitsplatzwechsel und dergleichen mehr.

Bei gesundheitlichen Fragen wird ein Engel keine medizinischen Aussagen machen, wenn es zum Beispiel um die Diagnose, die Therapieverfahren (etwa die Frage, ob Operation oder nicht), die Notwendigkeit sowie die Einnahme von Medikamenten geht, weil dies zu grobstofflich ist und in medizinische Hände gehört.

Bei allen gesundheitlichen Belangen teilt die lichtvolle geistige Welt aber stets die geistigen und seelischen Hintergründe mit.

Welche Möglichkeiten habe ich, meinen Schutzengel wahrzunehmen?

Gerade in unserem neuen Zeitalter hat jeder Mensch die Möglichkeit, wenn er dies möchte, durch seine Sensibilität seine Engel wahrzunehmen. Eine wichtige Voraussetzung ist ein liebevolles Herz und die absolute Ruhe der Gedanken.

Die Wahrnehmungen können ganz unterschiedlich ausfallen. Es kann sich um ein Hellsehen oder auch eine andere Form der Kommunikation handeln. Die verschiedenen Wahrnehmungsformen können sich auch vermischen, und manche Menschen verfügen sogar über alle. Wichtig ist, dass man sich voller Vertrauen auf die Kommunikation einlässt.

Im Wesentlichen gibt es folgende Möglichkeiten der Wahrnehmung:

Hellwissen

Manche Menschen bekommen bei einer klaren inneren Frage an ihren Schutzengel spontan eine klare innere Antwort. Dieses Hellwissen ist kein Produkt des Nachdenkens, sondern es entsteht mühelos als innere Wahrnehmung. Gerade diese Klarheit ist es, die die Verbundenheit mit einem Schutzengel spürbar ausmacht.

Hellriechen

Andere können die Schönheit und die Zartheit eines Schutzengels über einen blumigen Duft in ihrer Nähe wahrnehmen. Dieser Geruch ist ausgesprochen fein, mit irdischen Düften nicht vergleichbar. Auch diese Feinheit entspricht der Schwingung eines Schutzengels.

Hellhören

Manche Menschen hören die Botschaft oder die Lieder des Schutzengels. Es handelt sich dabei um eine warme, vertraute, sanfte innere Stimme – die eigene Herzenssprache.

Hellfühlen

Besonders wichtig ist auch das Hellfühlen. Dabei handelt es sich nicht allein um das innere Gefühl, sich geführt und aufgehoben zu wissen, sondern auch um die Gewissheit, in Liebe mit allem verbunden zu sein. Das ist der entscheidende Hinweis darauf, dass der Schutzengel in tiefer Seelenverbundenheit zugegen ist. Wenn Sie tiefe Liebe, Vertrauen und Freiheit verspüren, so kann dies eine Botschaft Ihres Schutzengels sein. Wenn der Schutzengel sich in Ihrer Aura befindet oder Ihre

Haut berührt, kann sich das wie eine sanfte, wärmende Hülle um Sie herum anfühlen.

Hellsehen

Einem hellsichtigen Menschen begegnet ein Schutzengel in Form einer Lichtgestalt. Dies kann in einem Traum, in einer spontanen Vision, einer Meditation wie auch in einer bewussten Begegnung durch einen ruhigen inneren Blickkontakt mit dem Schutzengel geschehen.

Wir können ganz bewusst in diesen Kontakt treten, wenn wir ganz in Liebe, tief und ruhig im Herzen lächelnd, ein- und ausatmen, während wir unsere Aufmerksamkeit auf unseren Atem richten.

Nur wenn wir ganz ohne Erwartungen sind, können wir unseren Schutzengel sehen. Wir erkennen seine Form, seine Farben und seine Symbole und spüren seine Botschaft so deutlich, dass wir sie in Worte fassen können. Wir können ihm voller Vertrauen klare Fragen stellen, seine weisen Antworten empfangen, sie verstehen und durch den eigenen Willen umsetzen.

Wie kann man seine Wahrnehmung oder seine Kanäle öffnen, damit man die Botschaften der Engel wahrnehmen kann, ohne Engelkarten oder Ähnliches zur Hilfe nehmen zu müssen?

Aus jahrelangen Erfahrungen in meinen Kursen weiß ich, dass jeder Mensch in der Lage ist, durch seine individuelle geistige Anbindung in Kontakt mit den Engeln zu treten. Dies erfordert allerdings viel innere Ruhe, Liebe und Urvertrauen.

Jeglicher Kontakt basiert zunächst auf den »drei Herzensregeln«.

Üben Sie die innere Ruhe und Aufmerksamkeit, indem Sie sich mehrmals täglich für einige Minuten hinsetzen, Ihren Atem tief in den Unterbauch lenken und im Herzen Liebe spüren. Die Gedanken kommen immer mehr zur Ruhe, während Sie Ihren angenehmen Atem beobachten.

Wenn Sie ganz friedvoll und vor allem auch erwartungslos geworden sind, können Sie eine klare Frage an die Engel stellen und das Bild sowie die Botschaft aus Ihrem tiefen Atem heraus emporsteigen lassen, dieses in Ihrem Herzen spüren und mit eigenen Worten formulieren.

Wiederholen Sie dann die Botschaft innerlich. Wenn Sie dabei ungehindert tief atmen und in Ihrem Herzen lächeln können, dann haben Sie die Engelbotschaft wahrhaftig, ohne jegliche eigene Wunschvorstellung, empfangen.

Haben die Engel auch Namen?

Die Engel haben grundsätzlich keinen Namen, denn sie brauchen keine Personifizierung, da sie keine Menschen sind. Sie sind Lichtwesen, die sich mit unserer Lebensaufgabe verbinden. Die Menschen können ihnen Namen geben, wie das beispielsweise bei Erzengeln geschehen ist. Man sollte sich aber bewusst machen, dass dies keine wirklichen Namen der Engel sind, sondern nur Hilfsmöglichkeiten für die Menschen, wenn sie an eine bestimmte Engelkraft denken.

Wir Menschen hören berechtigterweise auf unsere Namen – die Engel aber nicht. Denn sie sind Seelenschwingungen, die unsere inneren Gebete fühlen und aufnehmen. Unsere äußeren Vorstellungen von Raum und Zeit teilen sie aber nicht. Jeder darf seinem Schutzengel natürlich einen Lieblingsnamen geben, wohl wissend jedoch, dass dies lediglich eine Unterstützung für sich selbst ist.

Kinder geben übrigens ihren Schutzengeln, falls sie einen Schutzengelnamen benötigen, am besten Blumennamen, denn so entwickeln sie spielerisch mehr Lebensverbundenheit und Erdung.

Sind Engel männlich, weiblich oder geschlechtsneutral?

Ein Engel in weiblicher oder männlicher Gestalt zeigt sich deshalb so, weil dieses Bild mit einer Botschaft für den Schützling verbunden ist. Die Engel haben keine eigene Geschlechtsorientierung, sondern sie sind feinstoffliche Lichtwesen, die ihre Gestalt immer wieder an die jeweilige Botschaft anpassen und sich deshalb in ihrer Gestalt auch verändern können.

Ihre Grundqualität bleibt natürlich immer vorhanden, denn diese entspricht dem Grundwesen ihres Schützlings. Die geschlechtsspezifische Erscheinung und Gestik des Schutzengels haben grundsätzlich etwas mit der Lebensaufgabe seines Schützlings zu tun, beispielsweise mit männlichen gestalterischen Kräften oder weiblichen Aufgaben, und treffen keinerlei Aussage über das Geschlecht des Schutzengels oder des Menschen.

Warum braucht Gott Engel und warum erst die Boten Gottes fragen und nicht gleich Gott?

Gott als universelle Kraft der All-Liebe ist als ein Zustand des inneren Friedens erfahrbar. In diesem Zustand erlebt man das Sein, in dem alles vollkommen in Ordnung ist. In dieser Harmonie gibt es keine Fragen, die man an Gott stellen würde. Außerdem ist Gottes Energie weltumspannend und für die Ganzheit zuständig und kann nicht auf einen Dialog minimiert werden.

Aus diesem Grund hat Gott die Engel erschaffen, damit alles einen gewissen Dienst in Gottes Plan erfüllt. Ein Engel, als liebevolle Schwingung, kann eine Lichtform annehmen, die für den Menschen erfahrbar und in dieser auch begreifbar ist.

Jeder Engel dient seiner Aufgabe. Entsprechend den Aufgaben kann man, wenn man seine Sensibilität schult, mit den jeweiligen Engeln bildhaft und emotional kommunizieren, weil die Engel im Gegensatz zu Gott erdnäher schwingen und uns somit »verwandter« sind.

Die Engel haben auch die allgemeine Aufgabe, mit ihrem Dienst am Menschen ihm dabei zu helfen, seinen Lebenssinn der Liebe, der ihn letztendlich in das vollkommene Gotterleben führt, zu finden. In dieser Gemeinsamkeit kann der Mensch Stärke, Hilfe und Trost finden.

Man kann über sein Überbewusstsein, sein höheres Selbst, selbstverständlich mit Gott direkt in Kontakt treten. Da die Engel in ihrer Schwingung uns aber näher sind, wird es über die Herzensebene leichter sein, mit ihnen zu korrespondieren und sie um Hilfe zu bitten.

Es ist also auch völlig in Ordnung, zu Gott und/oder zu Engeln zu beten, denn es wird so oder so eine Verbindung zum Geistigen hergestellt, und das Gebet oder der Hilferuf findet seinen Empfänger.

Warum sind Spiritualität und Engel heute zur Mode geworden, welche Bedürfnisse stecken dahinter?

Sich der lichtvollen Welten und des Wirkens der Engel bewusst zu sein war für die Menschen schon immer wichtig, und so wird es auch bleiben. Aber gerade in der heutigen Zeit gewinnt der spirituelle Bezug an Bedeutung. Der Menschheit stehen heute mehr Seelenkräfte zur Verfügung als beispielsweise noch vor hundert Jahren. Dies macht den Menschen sensibler, und er beginnt nach der individuellen Wahrheit zu suchen.

Das Streben nach Wissen und Weisheit, um Sinnhaftigkeit zu erfahren, entspricht dem Kern der menschlichen Natur. Das Leben will vertrauensvoll begriffen werden, und das ist nur durch die geistige Anbindung und das Erleben der Liebe im Herzen vollständig möglich. Die Engelwelt kann uns dabei unterstützen, wenn wir es zulassen.

Seitdem ich regelmäßig an Meditationsveranstaltungen teilnehme, gelingen mir ganz interessante Fotografien mit besonders leuchtenden und interessanten, bisher nie da gewesenen Lichteinfällen und Lichtkugeln. Können dies Engel oder andere Geistwesen sein, die sich mir hier zeigen? (Der Frage waren Fotos beigelegt.)

Es werden mir des Öfteren sowohl mit analoger als auch mit digitaler Technik erstellte Bilder mit unterschiedlichen sichtbaren Phänomenen vorgelegt. Ich muss immer wieder, wie auch hier, feststellen, dass die lichtvolle geistige Welt und somit auch die Engel sich niemals manifestieren, weil sie niemandem ihre Existenz beweisen müssen und sich auch nicht auf Fotos oder anderen technischen Verfahren sichtbar machen. Sie sind als reine Liebesschwingung Gottes nur mit Vertrauen im Herzen erlebbar. Solche Phänomene wie Spiegelungen des Lichtes und Ähnliches fokussiert der Mensch durch seine meditative Bewusstseinserweiterung intensiver, und durch seine Offenheit durchströmt ihn ein positives Gefühl, das er dann gerne mit einem besonderen Bezug zu den geistigen Welten verbindet.

2 Lebenssinn, Lebensaufgaben und Lebensweg

Worin besteht der eigentliche Sinn des Lebens?

Der Lebenssinn ist der fortschreitende Weg zur Liebe mit dem Ziel der reinen All-Liebe. Der Schutzengel ist immer mit dem Lebenssinn verbunden und stärkt die Kraft der Gegenwart und gibt dem Menschen Impulse, um daraus den Weg zum Ziel zu finden.

In unserer leistungsorientierten Gesellschaft herrscht der Irrtum vor, dass ein Mensch in erster Linie seinen Lebenssinn und seine Lebensaufgabe darin findet, eine Aufgabe im Außen zu erfüllen. Daher entstehen solche Meinungen wie »Ich bin dazu da, die Firma der Eltern zu übernehmen«, »Ich bin dazu da, Karriere zu machen und ein Haus zu bauen« usw. Wir identifizieren uns dann mit einer Rolle, die es bestmöglich auszufüllen gilt.

Die Materie sollte aber nur ein Hilfsmittel für den inneren Ausdruck sein. Also liegt der Lebenssinn im Innen, weil die Seele durch unsere Gefühle einen Ausdruck braucht.

Der Lebenssinn hat primär mit unserer liebevollen Seelenbefindlichkeit und der zu entwickelnden Charaktereigenschaft zu tun. Folgen wir diesem Herzensruf, finden wir einen heilsamen Ausdruck auch im Außen, im Privaten wie auch im Beruflichen. Es ist lohnenswert, immer wieder dem inneren Bedürfnis zu folgen und sich zu hinterfragen und zu erkennen: Wofür bin ich da und wie gezielt bewege ich mich in meiner Entwicklung zur All-Liebe im Innen und im Außen dorthin?

Wenn der Mensch dies als vordergründigste Aufgabe und wichtigsten Sinn des Lebens versteht, dann steht selbstverständlich auch einer erfüllenden Aufgabe im Außen und einem beruflichen Erfolg nichts im Weg.

Die Verknüpfung der inneren und äußeren Lebensaufgabe führt zum erfüllten Leben.

Was ist der Unterschied zwischen Lebenssinn, Lebensaufgaben und Lebensweg?

Der Lebenssinn ist das Ziel einer Inkarnation, nämlich die Entwicklung in die überpersönliche All-Liebe, um sich selbst, Gott und seiner Schöpfung näher zu sein, zu entfalten. Der Lebenssinn liegt also nicht im Außen in der Materie, sondern im inneren Befinden. Damit besteht der Sinn des Lebens, entgegen der oftmals vertretenen Meinung, nicht darin, Häuser zu bauen, Kinder zu zeugen oder Bäume zu pflanzen etc., denn dies ist eher die Folge oder das Mittel zum Zweck.

Die Lebensaufgaben sind ebenfalls, entgegen der allgemeinen Vorstellung, nicht das Erreichen irgendeines Zieles im Außen, sondern es geht darum, die inneren Werte, die Charaktereigenschaften und Fähigkeiten wie Erkenntnisse, Verständnis, Vergebung, Vertrauen, Mut, das Loslassen usw. zu bilden. Die inneren Eigenschaften gilt es im Leben zu stärken und zu entfalten, denn diese stellen quasi die energetische »Brücke« zum Lebenssinn der All-Liebe dar.

Jede Seele hat sich bestimmte Lebensaufgaben vor ihrer Inkarnation auf dieser Erde vorgenommen. Die eine hat vielleicht mehr mit der Aufgabe und Kraft der Vergebung zu tun, die andere mit der inneren Ruhe oder Vertrauen etc. Jedoch alle inneren Eigenschaften sind miteinander verknüpft und betreffen jeden Menschen.

Durch die Schwerpunkte der vorgenommenen Lebensaufgaben gestaltet sich der eigene Lebensweg. Der Lebensweg entspricht der Umsetzung der Lebensaufgaben auf der Erde innerhalb der Materie. Damit sind die Entscheidungen gemeint, die wir für die Schwerpunkte Beruf, Familie, Gesundheit etc. treffen. Diese entstehen aus der inneren Resonanz und dienen der Lebenserfahrung, der inneren Entfaltung und Selbstwahrnehmung.

Manche Geschehnisse im Leben sind für die Entfaltung der inneren Lebensaufgaben in der eigenen Persönlichkeit aus dem Höheren, also vor der Inkarnation, bereits angelegt worden. Die meisten jedoch entwickeln sich aus der momentanen Resonanz heraus.

Wir müssen auch akzeptieren, dass einige wenige Erfahrungen einfach als Zufälle in unserer schnelllebigen Zeit vorkommen können.

Wie finde ich im Leben meinen vorgenommenen Lebensweg, wenn ich mich aufgrund des »Vergessenheitsschleiers« nicht mehr daran erinnere?

Jede Seele nimmt sich vor ihrer Inkarnation einige Vorhaben im Außen, innerhalb des eigenen Lebensweges, vor. Dies können berufliche Entscheidungen, zwischenmenschliche Begegnungen und das Umsetzen von inneren Fähigkeiten etc. sein.

Die lichtvolle geistige Welt bemüht sich aus ihrer himmlischen Dimension heraus, jeden Menschen so zu führen, dass er seinem ursprünglich vorgenommenen Weg folgen kann. Dies geschieht über die Intuition und »Geistesblitze« in Form von innerem Wissen im Menschen. Denn die geistige Welt entspricht nicht der Materie und hat somit auch keine phonetische Sprache. Der Mensch als geistiges Wesen kann also mit den geistigen Sphären über sein inneres Wissen im Herzen kommunizieren.

Folgt der Mensch seiner geistigen Führung, so trifft er die richtigen Entscheidungen und lebt seine vorgenommenen Lebensaufgaben aus.

Zwischen der 10. und 14. Schwangerschaftswoche bekommt die inkarnierende Seele von der lichtvollen geistigen Welt einen »Vergessenheitsschleier«. Es legt sich ein mattes Energiefeld über sie, damit sie vergessen kann, wer sie ist, woher sie kommt, was sie prägt und was sie sich vorgenommen hat.

Das ist wichtig, damit sich die inkarnierende Seele ganz auf die neue Gegenwart konzentrieren kann und ungefiltert neue Eindrücke sammelt, die ihr dann für die Selbstentfaltung zur Verfügung stehen. Denn sonst würde sich das geborene Kind und der heranwachsende Mensch nicht auf das neue Leben einlassen können. Er könnte quasi geistig nicht auf der Erde inkarnieren, weil er stets nach hinten, in die Vergangenheit und damit in alle schönen und weniger schönen Erlebnisse schauen würde und alles damit vergleichen und sich der Gegenwart verschließen und somit die inneren Eigenschaften nicht weiterentwickeln könnte.

Gleichzeitig würde er auch in die Zukunft schauen, in das, was er sich sehnsüchtig vorgenommen hat. Dies würde dazu führen, dass er die Gegenwart mit ihren Möglichkeiten nicht annimmt und somit keinen Weg in seinem Leben für die vorgenommenen Ziele findet.

Mit dem »Vergessenheitsschleier« trägt die geistige Welt beim Menschen zu seiner Erdung und dem Leben im Hier und Jetzt bei. Die Erinnerung an seine göttliche Herkunft, an seinen vorgenommenen irdischen Weg und die Lebensaufgaben zum Lebenssinn der Liebe bleiben unverfälscht im Inneren vorhanden und sind als inneres Wissen, Intuition und vor allem als innerer Ruf erfahrbar.

Deshalb heißt es: »Folge deinem Herzen, denn es kennt die Wahrheit.« Vertrauen Sie Ihrer Intuition und Ihrer Herzenskompetenz.

Prüfen Sie alle Ihre Entscheidungen mit der Klarheit der Gedanken und mit liebevollem Herzen. Wenn beides übereinstimmt, dann tun Sie das Richtige.

Achten Sie in Ihrer Intuition und inneren Ruhe aufmerksam auf Ihre inneren Bedürfnisse und Ihren inneren Ruf. Dann werden Sie spüren und wissen, wofür es sich lohnt, auf dieser Erde zu verweilen und sich zu entwickeln.

Haben Sie Vertrauen zu sich und in Ihre geistige Führung.

Ist Spiritualität für die Erfüllung des Lebenssinns unterstützend oder gar notwendig?

Spiritualität ist die geistige Verbindung mit dem Höheren, mit dem Übersinnlichen – die Ausrichtung auf Gott. Sie befasst sich mit Sinn- und Wertfragen des Daseins, der eigenen Existenz und Selbstverwirklichung im Leben, mit dem göttlichen Sein und der höchsten Wirklichkeit. Sie gibt dem suchenden Menschen in seiner Lebensgestaltung eine Orientierung. Daher ist sie für die Erfüllung des Lebenssinns unterstützend.

Das spirituelle Verständnis hat Auswirkungen auf die Lebensführung und die ethischen Vorstellungen und gestaltet die individuelle Lebens- und Erfahrungsgeschichte mit.

Bereits mit der Frage »Was ist der Sinn des Lebens?« befindet sich der Mensch auf dem spirituellen Weg. Daher sind beide Themen voneinander kaum zu trennen.

Wie kann ich erkennen, welche Gaben und Aufgaben ich in dieses Leben mitgebracht habe?

Indem Sie sich immer daran erinnern, dass die Ursache für alle Probleme und ungelösten Fragen die Angst ist und die Lösung und alle Antworten in der Selbstliebe zu finden sind. So begeben wir uns nicht in ein Labyrinth mit unzähligen Fragen, die uns nur noch mehr verwirren, sondern gehen zielgerichtet mit unserer Energie um.

Wir bekommen einen Überblick über unser Leben, Verständnis für unsere Vergangenheit, Gegenwart und Zukunft und spüren mithilfe des Schutzengels, wohin unser Weg geht. Denn wir brauchen ihn nur zu fragen und bereit zu sein, ihm zuzuhören, was unsere Gaben und Aufgaben sind, welche wir in dieses Leben mitgebracht haben.

Was ist Inspiration?

Unter Inspiration versteht man jene mentale Kraft, die neue Ideen hervorbringt. Jedem kann die Inspiration als ein Erlebnis begegnen, das als Auslöser für eine neue Idee wirkt, zum Beispiel die Begegnung mit einem Menschen, eine Reise oder ein Traum. Auch in der Poesie versinnbildlicht der Begriff Inspiration das »Einhauchen von etwas« durch einen göttlichen Wind.

Was ist Intuition?

Die Intuition ist die Fähigkeit, die Inspiration umzusetzen, ohne den Intellekt einzuschalten, also ohne bewusste Schlussfolgerungen. Jeder Mensch ist mehr oder weniger begabt, eine gute Entscheidung spontan mit dem »Bauchgefühl« treffen zu können, ohne die zugrunde liegenden Zusammenhänge rational zu verstehen. Hierbei ist die geistige Anbindung hilfreich und unterstützend.

Was ist Erkenntnis?

Erkenntnis ist eine geistige Fähigkeit, die Lebensvorgänge mit klarem Verstand zu erfassen und geistige Antworten zu erkennen. Im Leben geht es um die Erkenntnis, den Stand der Dinge zu begreifen, den »Ist-Zustand« annehmen zu können, sich bewusst zu machen, wenn eine Angelegenheit vorbei ist, und den Blick auf neue Ziele zu richten und sich stets vorwärtszubewegen.

Dies sollte sich der Mensch jeden Tag bewusst machen und niemals in hoffnungslosen und angstgeprägten Emotionen verharren, sondern das emotionale Herz und das tägliche Bewusstsein immer weiter zur Liebe öffnen.

Denn liebevolle, emotionale, seelische Entwicklung prägt das gegenwärtige Leben und die zukünftige Entwicklung. Kein positiver Gedanke, kein Gefühl und keine Handlung ist jemals unnötig, sondern wirkt ebenso in der fernen Zukunft immer dann, wenn man es braucht.

Diese Einstellung hilft, den lichtvollen Sinn in allem, auch nachträglich, zu erkennen.

Was ist die Akasha-Chronik, und kann man darin seinen Lebenssinn und die Zukunft erfahren?

Bei der Akasha-Chronik handelt es sich um eine überdimensionale himmlische Sphäre, die auch »Gottes Bibliothek« genannt wird. Ein »Buch des Lebens«, das ein allumfassendes Weltgedächtnis enthält. Die Schwingung entspricht der Schwingung des Geistes, durch die der Mensch stets damit verbunden ist. Daraus kann ein Mensch in der Lage sein, »Hellwissen«, das heißt durch seine innere Besinnung hohes Wissen und Inspirationen, zu empfangen.

In der Akasha-Chronik gibt es unzählige spezielle Schwingungen, das heißt Bereiche des geistigen Wissens. So kann ein Musiker mit der Energie und Inspiration des »Musik-Himmels« verbunden sein, ein Heiler etwa mit der Energie des »Heiler-Himmels« usw.

Der Geist eines jeden Menschen geht nach dem körperlichen Sterben in die Akasha-Chronik, um alle bisher gemachten Erfahrungen als eigenes Karma abzuspeichern. Daher wird die Fülle dieser Informationen auch Bibliothek Gottes genannt.

Gleichzeitig ist der Mensch auch im irdischen Leben durch seinen vorhandenen Geist, also durch seine geistige Anbindung, mit der Akasha-Chronik stets verbunden und kann Informationen als eine Art inneres Wissen oder Geistesblitze abrufen.

Theoretisch ist das Abfragen des Karmas, des Lebenssinns und der Zukunft über die Akasha-Chronik möglich, jedoch nicht immer, und es ist auch nicht für jeden ratsam. Denn dies könnte einem Kontrollverhalten entsprechen, das die innere Entwicklung der Eigenschaften wie Vertrauen und Liebe stören, wenn nicht gar hindern könnte.

Es ist wichtig, dass ein Mensch lernt, sich selbst wahrzunehmen, sich zu vertrauen und der geistigen Führung von ganzem Herzen zu folgen.

Wie legt eine Seele ihren Lebensweg für eine neue Inkarnation fest?

Nachdem die Seele im Jenseits, in den oberen Astralwelten, die siebte Stufe durchschritten hat, kann sie sich entscheiden, ob sie für ihre weitere Entwicklung die geistigen Sphären, also den Himmel, nutzt oder ein neues Erdenleben bevorzugt, also wieder auf die Erde zurückkehrt und als Mensch inkarniert.

Die Entscheidung für ein neues Erdenleben fällt sie aufgrund ihrer Resonanz zum menschlichen Leben auf der Erde, weil sie sich dort mehr zu Hause fühlt als in den feinstofflichen himmlischen Sphären.

Für ein neues Erdenleben steht sie dann (symbolisch gesprochen) als durchscheinende Lichtgestalt wie auf einem hohen Berg. Dabei wird sie von ihrem Schutzengel begleitet. Beide schauen in den weiten Horizont hinaus, nehmen die Schwingung der Seele und ihre in den bisherigen Inkarnationen noch nicht gelösten Emotionen wahr, auf die sie noch resoniert.

Aus diesen vorhandenen menschlichen Emotionen werden die anstehenden Lebensaufgaben für die Inkarnation wie Vertrauen, Loslassen etc. sichtbar.

Der Schutzengel schlägt der Seele einige Erfahrungen vor, die beispielsweise im beruflichen oder privaten Bereich etc. liegen, und die Seele fühlt hinein, ob sie diesen bereits gewachsen ist. Dabei nimmt die Seele die Empfehlungen ihres Schutzengels an oder lehnt manche ab beziehungsweise schiebt sie für die zukünftigen Inkarnationen vor sich her und macht eigene Vorschläge.

Durch die Resonanz ihrer Schwingung fühlt sie sich

zu den entsprechenden Lebensaufgaben, Eltern, Kulturen etc. angezogen und legt mit ihrem Schutzengel einen sogenannten »roten Faden« für ihr zukünftiges Leben fest, der als innerer Ruf in ihrer Seele gespeichert wird. Hier fallen die schicksalhaften Entscheidungen, die sie auf ihrem irdischen Lebensweg in ihren Lebensaufgaben wachsen lassen, um in ihrer Resonanz noch mehr in Liebe zu erstrahlen.

Dann beginnt ihr Weg in ein neues Erdenleben.

Trage ich durch mein Tun Verantwortung nur für mich oder auch für meine Mitmenschen oder sogar für die ganze Welt?

Jeder Mensch sollte sich als den Mittelpunkt seines Lebens erkennen, das heißt, er sollte sich um sich selbst liebevoll und verantwortungsvoll kümmern. Tut er dies, so hat er Kraft für sich und für andere und Freude an anderen. Die Verantwortung für sich selbst kann man als Erwachsener an niemanden abgeben, weder an die Eltern noch an den Partner, Kinder, Ärzte oder Pfarrer etc.

Durch das eigene Tun und Wirken trägt der Mensch ebenfalls eine gewisse Verantwortung für sein Umfeld. Denn jeder beeinflusst mit seinem Handeln auch seine Mitmenschen. Dies ist natürlich nur in gewissen Maßen und in unterschiedlicher Ausprägung der Fall. Eltern kleiner Kinder beispielsweise sind hundertprozentig für ihr Wirken verantwortlich, wenn es dagegen um erwachsene Kinder geht, ist die Verantwortung wieder wesentlich anders gelagert.

Mit der Verantwortung für die ganze Welt ist es immer so eine Sache. Man sollte dabei bedenken, dass die Welt sich mit uns wie auch ohne uns weiterdreht, und doch gibt es ein globales Bewusstsein, und so haben wir durch unseren Zustand und unser Wirken Einfluss auf die Welt, so, wie die Welt auch einen Einfluss auf uns hat.

Über das Resonanzprinzip, das auf unserer Erde herrscht, zieht Gleiches Gleiches beziehungsweise Ähnliches Ähnliches an. Das bedeutet, dass wir uns mit unserem vorherrschenden Gedankengut in Resonanz mit ähnlichem Gedankengut anderer Menschen auf der ganzen Welt befinden und somit die globale Schwingung verstärken, die wir selbst aussenden.

Wenn wir achtsam mit unseren Gedanken umgehen und von Herzen an das Gute und die Liebe glauben, trägt jeder Einzelne dazu bei, eine bessere und liebevollere Welt zu erschaffen.

3 Inkarnation und Schwangerschaft

Wie verlaufen die Phasen der Schwangerschaft aus geistiger Sicht, und welche Engel begleiten sie?

Im Normalfall wird die künftige Mutter bereits vor Beginn des Inkarnationsprozesses auf die Schwangerschaft vorbereitet, indem ihr Körper energetisiert wird. Auf der Seelenebene wird die Frau ganz selbstverständlich ruhiger und besinnlicher. Im Geistigen ist sie klarer und stabiler und mehr auf das Jetzt ausgerichtet.

Den Schwangerschaftsverlauf kann man vereinfacht in neun Phasen einteilen:

1. Phase: Zusammenführung von zwei Seelen

Die Seelen von Mutter und Kind werden zusammengeführt. Der Vater übernimmt während der Schwangerschaft den ruhenden und schützenden Pol. Es kommt, da sich die Schwangerschaft ja vom Augenblick der Empfängnis in der Mutter abspielt, auf die Zusammenführung der Seelen von Mutter und Kind an.

In der Aura der Frau taucht die künftig inkarnierende Seele auf. Diese Seele steht als Lichtgestalt so, wie sie sich im Verlauf all ihrer bisherigen Inkarnationen im Himmel gebildet hat, in der Aura der Frau.

2. Phase: Inkarnation der Seele des Kindes

In der Inkarnationsphase geht die Lichtgestalt des Kindes, die anfangs in der Aura der Frau ist, immer weiter beziehungsweise tiefer in die Frau ein, wird sozusagen eins mit ihr und verdichtet sich dann als Lichtkugel im Schoß der Frau. Ungefähr zwischen der 10. und 14. Schwangerschaftswoche legt sich ein »Schleier des Vergessens« über die Seele des Kindes. Dieser Schleier bewirkt, dass die Seele ihre früheren Inkarnationen und ihren himmlischen Ursprung völlig vergisst. Die Kindesseele gibt sich ganz der Mutter hin und »schläft« in ihr ein.

3. Phase: Zeit der Sammlung von Energien

In dieser Phase sammeln Frau und Kind die notwendigen Kräfte für das weitere Wachstum des Kindes im Mutterleib. Der Körper der Mutter sammelt nun auch die nötigen Kräfte für die Bedürfnisse in der Schwangerschaft.

4. Phase: Körperliche Entwicklung des Kindes

In dieser Phase geht es vor allem um die Entwicklung des Körpers, des Organismus, der Systeme und ihres Zusammenwirkens.

5. Phase: Persönlichkeitsentwicklung

Ungefähr bis zum fünften Monat hat der Embryo keine »eigene« Identität, sondern ist eins mit der Mutter. Im fünften Monat jedoch erwacht die Persönlichkeit des neuen Menschen, seine Seele. Plötzlich »spürt« dieses neue Wesen, dass »da draußen« eine ganz andere Welt ist, eine neue Welt, die anders ist als es selbst. Danach fängt dieses neue Wesen an zu bemerken, dass es diese neue, andere Welt wahrnehmen kann, oft zwar durch die Wahrnehmungen und Reaktionen der Mutter, bisweilen aber auch ganz eigenständig.

Das Erwachen von Körper, Seele und Geist findet in jeweils einer von drei Phasen statt. Der Körper erwacht in der vierten Phase, die Seele in der fünften und der Geist in der sechsten.

6. Phase: Der Geist erwacht

Die sechste Phase ist eine sehr ruhige Zeit; es ist, als ob eine lange Nacht des Schlafens und Träumens langsam zu Ende geht und nun das Bewusstsein für einen neuen Tag erwacht. Nicht die aktive Wahrnehmung und die Beobachtung der Außenwelt stehen jetzt im Vordergrund, sondern das Sichöffnen und Hineinspüren in ein neues Sein.

7. Phase: Die Lebenskraft stabilisiert sich

Was sich inzwischen an Energien und Eindrücken gesammelt hat, wird nun verdichtet; der geistig beseelte Organismus stabilisiert sich auf allen Ebenen.

8. Phase: Das ganzheitliche Menschsein

Die Kräfte von Körper, Seele und Geist sind nun im Einzelnen so weit entwickelt, dass eine erste ganzheitliche Verbindung stattfinden kann. Das bildet die Grundlage für die Erfahrung einer neuen Inkarnation, eines neuen Menschseins.

9. Phase: Entbindung

Der letzte Monat ist die Vorbereitung auf die Entbindung.

Können Eltern vor einer geplanten Schwangerschaft die passende Seele einladen?

Die Eltern können mit einem täglichen Gebet eine passende Seele geistig kontaktieren. Dabei ist es empfehlenswert, ein Gebet aus tiefstem Herzen zu formulieren. Ein Vorschlag könnte sein:

»Liebe lichtvolle geistige Welt, ich bitte
um Gottes Kraft und die Hilfe der Engel
bei meiner gewünschten Schwangerschaft.
Möge das Licht des Himmels die Seele zu
mir schicken, die für einen liebevollen Weg
auf dieser Erde bereit ist und zu mir
beziehungsweise zu meiner Familie passt.
In unserem Herzen ist viel Platz für sie.
Amen.«

Ich empfehle dabei, sich nicht unnötig viele Gedanken zu machen, sondern darauf zu vertrauen, dass die richtige Seele Ihren Kinderwunsch bereits spürt und sich auf dem Weg befindet.

Was geschieht mit der Seele bei einer künstlichen Befruchtung, kann sich ein »Retortenbaby« seine Eltern aussuchen?

Bei einer künstlichen Befruchtung greift der Mensch in die geistigen Gesetze und das Schicksal ein, sodass energetische Unterschiede zu einer normalen Befruchtung entstehen können.

In der geistigen Welt, wenn eine Seele im Jenseits die siebte Dimension der oberen Astralwelt hindurchgegangen ist, befindet sie sich in einem Prozess der Entscheidung, in welche Richtung es nun für sie geht. In ihrer Resonanz hat sie die Wahl, wieder zu inkarnieren oder bei den Engeln zu bleiben und die Welt zu beobachten, um dabei zu lernen. Entscheidet sie sich für eine neue Inkarnation, so beginnt sie, die neuen Lebensumstände und die neuen Eltern auszusuchen.

In dieser Phase können es sich manche »unentschlossenen« Seelen ein bisschen schwer machen und in diesem unentschlossenen Zustand verharren. Aus der Sicht Gottes und der Engel dürfen sie sich so viel Zeit nehmen, wie sie brauchen, doch genau da greift der Mensch ein und »saugt« quasi eine »unentschlossene« Seele durch eine künstliche Befruchtung ein. In diesen Fällen können die Seelen ihre Eltern nicht aussuchen, sondern es entscheidet das »Zufallsprinzip«.

Dabei fehlt es der kommenden Seele oft an Zeit, sich bewusst auf ihre Lebensaufgaben und auf ihren Lebensweg vorzubereiten und entsprechende seelische und geistige Kräfte zu einem neuen sinnerfüllten Schicksal zu sammeln. Daher ist es immer wichtig, Gottes Schöpfung und seine Gesetze zu bedenken, und wenn man sich für eine künstliche Befruchtung entscheidet, ist ein Gebet, in dem eine »passende« Seele eingeladen wird, für beide Seiten sehr sinnvoll und hilfreich.

Nimmt man sich bei jeder Geburt einen neuen Lebenssinn und neue Lebensaufgaben vor?

Dies hängt von der bereits vorhandenen Entwicklung ab. Wenn die Seele sich zum Beispiel im vorherigen Leben die Fähigkeit der Vergebung vorgenommen hat, doch diese Lebensaufgabe nicht erfüllt hat, ist sie dem Lebenssinn der All-Liebe nicht wesentlich nähergekommen. Aus diesem Grund gibt es keinen Anlass, sich eine neue Lebensaufgabe für eine neue Inkarnation vorzunehmen. In einer neuen Inkarnation wird diese Seele dann an der vorherigen Aufgabe der Vergebung weiterarbeiten. Es kann aber sein, dass das Schicksal dieses Menschen dieses Mal, von einer unerfüllten Inkarnation zur anderen, etwas dramatischer verläuft, damit er diese Aufgaben nicht mehr übersehen oder davonlaufen kann, sondern unmissverständlich darauf gestoßen wird und sie angehen muss. Je mehr der Mensch sein Herz für die tatsächlichen inneren Werte öffnet, umso näher ist er sich, Gott und somit der Liebe.

Ist diese Seele jedoch im vergangenen Leben am Gefühl der Vergebung wirklich gewachsen und hat die Liebe aus einer anderen Intensität erfahren, ist sie offen für eine neue Eigenschaft.

In welchen Abständen inkarniert eine Seele erneut auf der Erde?

Zu dieser Frage gibt es unterschiedliche Aussagen. Zu Zeiten von Rudolf Steiner (1861–1925) hieß es zum Beispiel, eine Seele braucht circa 500 Jahre, um wieder zu inkarnieren. Manchen gegenwärtigen tibetischen Auffassungen zufolge kann eine Seele sofort nach dem körperlichen Sterben wieder inkarnieren.

In unserer heutigen, der neuen Zeit, in der den Menschen die Seelenkräfte stärker zur Verfügung stehen und sie in ihrer Entwicklung wesentlich offener und sensibler sind, sehe ich, dass die Wiedergeburt nicht an eine feste Zeit gebunden ist, sondern dass dies von der Bereitschaft der jeweiligen Seele abhängt. Die Abstände sind variabel und können zwischen einem halben Jahr und einigen Jahrhunderten oder gar noch länger liegen.

Jede Seele braucht ihre Zeit des Aufenthalts im Jenseits, die individuell bemessen ist, um sich neu zu finden und zu orientieren.

Inkarniert die Seele oftmals wieder bei Menschen, die sie aus früheren Leben kennt?

Es gibt Familien, in denen sich alle Beteiligten aus früheren Leben bereits kennen. Diese Resonanz liegt in den Lebensaufgaben, die man sich vorgenommen hat und zu denen die Beteiligten ihren Beitrag leisten können. Ebenso gibt es Familien, in denen sich nur ein Teil aus früheren Leben kennt und ein anderer Teil nicht. In dieser Konstellation brauchen die Familienmitglieder

»alte«, ihnen bereits bekannte Kräfte und Emotionen, ebenso benötigen sie jedoch auch neue Begegnungen und Herausforderungen.

Weiterhin gibt es Familien, in denen sich keiner aus früheren Leben kennt. Diese Konstellation dient dazu, dass alle sich auf etwas völlig Neues einlassen müssen, um ihre Lebensaufgaben erfüllen zu können.

Es gibt hier also kein festes Schema.

Haben wir uns wirklich unsere Eltern ausgesucht? Wenn ja, warum und wie funktioniert das?

Das Aussuchen der Eltern vor der Inkarnation geschieht anders, als wir uns das meist vorstellen. Es ist eher selten, dass eine inkarnierende Seele sich ziemlich genau die Personen als Mutter und Vater aussucht. In solch einem Fall stehen wichtige Absprachen dahinter, die nicht immer nur der eigenen oder gegenseitigen Entwicklung dienen, sondern auch einem höheren Ziel.

Überwiegend ist es eher so, dass die inkarnierende Seele durch ihre notwendigen Lebensaufgaben eine bestimmte Schwingung hat und in ihrer Resonanz spürt, welche Menschen ähnlich schwingen, also von welchen sie somit am besten lernen kann. Manchmal können sogar mehrere Elternpaare infrage kommen, und dann entscheidet der Zeitpunkt, zu dem die Befruchtung bei einem der Paare stattfindet. Diese Beteiligten können sich aus früheren Leben kennen, was aber nicht der Fall sein muss. Ausschlaggebend dabei ist immer der Entwicklungssinn dieser Inkarnation.

4 Sterben und jenseitige Welten

Gibt es die Hölle mit dem Fegefeuer und wo befindet sie sich?

Allein das Wort »Hölle« und die Vorstellung davon versetzen die Menschen oft in Angst und Schrecken, ohne dabei wirklich zu wissen, um was es sich dabei handelt.

»Hölle« ist ein emotionaler Zustand einer Seele, aus dem der Mensch, wie in einem Schockzustand oder in der Wut gefangen, nicht herauskommt. In diesem blockierten Zustand fehlt gänzlich die Liebe und jegliche Entwicklung.

Die Hölle und das Fegefeuer existieren nicht in der Form, wie sie meist gelehrt werden, sondern sie bestehen ausschließlich in jedem selbst. Wenn ein Mensch zum Beispiel zu Lebzeiten vorwiegend in negativen Gefühlen lebte, beispielsweise in besitzergreifenden, verbrecherischen, aggressiven, wütenden, kriegerischen oder lebensnegierenden Emotionen verhaftet war, wird er mit großer Wahrscheinlichkeit nach seinem physischen Tod weiterhin diesen Emotionen verhaftet bleiben. Er besitzt dann aber keinen Körper mehr, um diese auszudrücken beziehungsweise auszuführen. Sein Blick wird nach »unten« gerichtet sein, und er kann das

Licht und seinen vorgegebenen weiteren Weg in die Himmelssphären nicht erkennen. Er wird im Gegenteil durch die noch vorhandene Polarität, durch seine Erdnähe (Materie) bedingt, sogar zusätzliche gleichgesinnte Seelen anziehen und sich somit auch noch ein negatives Umfeld schaffen. Das ist dann die Hölle, die diese Seelen sich gegenseitig aufbauen. Doch Gottes Liebe und der Schutzengel verlassen diese Seelen niemals. So kann jede Seele jederzeit den Kampf aufgeben und aus dem negativen Verbund der Hölle austreten und in Licht und Liebe erstrahlen.

Solche Gefühle können wir ähnlich auch bereits auf Erden in unserem Alltag erleben. Auch der Alltag lässt sich in Liebe leichter bewältigen. Jede Seele, im Jenseits wie auch auf der Erde, hat ihren freien Willen, sich für Wut, Angst oder für die Liebe zu entscheiden.

So ziehen Verstorbene wie auch Lebende durch ihre Schwingung ähnlich schwingende, denkende und fühlende Seelen beziehungsweise Menschen an. In beiden Dimensionen, hier auf der Erde wie auch im Jenseits, ist das höchste Ziel immer, sich zur Liebe hinzuentwickeln.

Da der Zustand im Jenseits oft dem Zustand im Leben sehr ähnlich ist, geschieht es vielen Verstorbenen, dass sie zunächst gar nicht bemerken, dass sie verstorben sind. Denn Zeit spielt im Jenseits keine Rolle mehr, es gibt sie dort nicht. Die Seele ist eine individuelle Schwingung, die sich durch ihre Gefühle wahrnimmt und nicht durch die Materie. Die Seele ist im Jenseits ausschließlich auf ihre Gefühle gestellt und kann nur dann in das Licht aufsteigen, wenn sie sich ganz dem Vertrauen und der Liebe hingibt.

Das sogenannte Fegefeuer dient dieser Läuterung. Es ist somit die Energie, in der diese negativen Emotionen verbrannt und mit Unterstützung des Erzengels Michael zu Licht werden. Somit kann die mit negativen Emotionen behaftete Seele sich aus den unteren selbst erschaffenen »Höllensphären« befreien, den Blick heben und ebenfalls in die lichtvollen Dimensionen hinaufsteigen. Gott liebt jeden Menschen bedingungslos, und das bedeutet, jede Seele gelangt letztendlich ins Licht. Der Weg und das Tempo entsprechen jedoch der inneren Einstellung, und dies kann nach unserer Zeitrechnung auch Jahrhunderte oder gar Jahrtausende dauern.

Was versteht man unter einem gefallenen Engel und dem Teufel?

Es kann keine gefallenen Engel geben, und es gibt auch den Teufel nicht, wie oftmals angenommen, als eigenständige Wesenheit. Denn im Kosmos ist alles lichtvoll und ohne Gegenpol. Es herrscht ausschließlich Licht, Liebe und Verständnis.

Das Böse geschieht aus der Angst des Menschen, dem Gegenpol der Liebe. Die Polarität gibt es nur in der Materie, also auf der Erde, der »Spielwiese« der Menschheit. Alles Böse, alle Kriege und Verbrechen entstehen aus dem Handeln der Menschen. Da aus der geistigen Sicht der Sinn der Entwicklung der menschlichen Seele im Streben zum Licht und zur Liebe liegt, ist es aus der Sicht des Himmels nicht entscheidend, ob der Mensch in seinen unzähligen Seelenleben und Inkarnationen seine Entwicklungsschritte gerade auf der Erde oder als

Seele in der geistigen Welt vollzieht. Dies möge der Erklärung dienen, warum Gott und die geistigen Helfer in gewissen Situationen in unser irdisches Geschehen nicht eingreifen können, da das Leid auf der Erde dem menschlichen Tun entspricht und durch die evolutionäre Entwicklung gemäß dem göttlichen Plan im neuen Zeitalter abnehmen wird. In allen Situationen befinden wir uns aber immer im Gottes Licht, und die Engel sind immer gegenwärtig und hüten die Seele.

Dunkle Wesenheiten wie Satan, Luzifer und Ahriman sind nicht von Gott erschaffene Wesen und auch keine gefallenen Engel, da es solche Energien im Himmel nicht gibt.

Die Menschheit selbst hat sie erschaffen durch die millionen- und milliardenfache Schwingung der Angst. Deshalb sind es keine individuellen Wesenheiten, sondern Verdichtungen der menschlichen Schwingung der Angst, auf die der einzelne Mensch über seine eigene Angst wiederum resoniert und sie somit nährt.

Die Zeit ist reif, dass die Menschheit sich nicht nur nach religiösen Vorgaben orientiert, die oftmals im Ursprung den Sinn verfolgten, über den Menschen Macht auszuüben, ihn zu verunsichern und abhängig zu machen, sondern die eigene Wahrheit von Herzen in sich zu begreifen. Denn gerade in der heutigen, der neuen Zeit sollte der Mensch seine Geistesfreiheit und eigene innere Erlebnisse nutzen, um zu neuen Erkenntnissen zu gelangen.

Der Mensch der neuen Zeit sollte mehr und mehr sich seiner Verantwortung bewusst werden, durch seinen freien Willen seine Entscheidung für Angst oder für

Liebe zu übernehmen. Denn das Paradies gibt es auch hier auf der Erde, wir müssen nur bereit dafür sein.

Worum handelt es sich beim Jüngsten Gericht?

Es gibt kein hohes Gericht, das die Seele erwartet oder gar verurteilt. Die Seele wird sich ausschließlich vor sich selbst verantworten.

Gefragt ist hier die Liebesfähigkeit, in der die Seele sich selbst begegnet. Erst wenn die Seele die Eigenschaften entwickelt hat, sich bewertungsfrei wahrzunehmen, und einer reinen liebevollen Schwingung entspricht, wird sie so leicht, dass sie in das paradiesische Lichtfeld aufsteigen kann. Die Seele verbleibt dann im Jenseits, bis sie irgendwann einmal so im Licht gestärkt ist, dass sie Aufgaben übernimmt und als Engel wirkt oder wieder als Mensch inkarniert, um sich erneut in der Materie, in der Resonanz, wahrzunehmen und sich so weiterzuentwickeln auf dem ewigen Weg zur Liebe und zum Licht.

Was ist mit dem Spruch »Angst vor dem Tod bedeutet auch Angst vor dem Leben« gemeint?

Ängste hindern uns daran, unsere Einheit mit dem göttlichen Licht zu erkennen und ganz in dieser Kraft zu leben. So merkwürdig es vielleicht klingt: Die Angst vor dem Tod ist ein Spiegelbild der Angst vor dem Leben. Angst ist die Sorge, statt Fülle würde Mangel eintreten, statt des Lebens der Tod, statt unseres Seins ein Nichtsein erfolgen, ein Ausgelöschtwerden.

Warum haben wir Angst vor dem Tod? Weil wir uns der Fülle des Lebens »danach«, des Weiterlebens im Jenseits nach dem Körperleben, nicht bewusst sind. Weil wir noch nicht erkannt und begriffen haben, dass wir wahrhaft göttliches Licht sind. Aus diesen beiden Ängsten entstehen dann weitere Ängste, beispielsweise Existenzängste, Angst vor Einsamkeit, Angst vor Entwicklung, Angst vor Abhängigkeiten, Angst vor Gut und Böse, Angst vor Hilflosigkeit und sogar Angst vor einem strafenden Gott. Wenn wir Vertrauen und Liebe zulassen, können wir die Angst überwinden.

Was geschieht beim Sterbeprozess?

Die Sterbephasen bei einem natürlichen Tod beginnen ab dem Zeitpunkt, zu dem der **Geist** den Körper verlassen hat und in die Akasha-Chronik aufgestiegen ist.

Dabei geht der Geist langsam, innerhalb eines Tages, nach und nach aus dem Körper und steigt auf, um in der Akasha-Chronik die bisherigen Lebenserfahrungen und das Wissen dieses Menschen zu speichern und dort bis zu einer neuen Inkarnation zu verbleiben. So sammelt sich von Inkarnation zu Inkarnation immer mehr das innere Wissen des Menschen an.

Währenddessen spielt sich vor dem Sterbenden sein Lebensfilm ab. Dieser sieht sein ganzes nun vergehendes Leben aus einer anderen Perspektive, mit dem Schwerpunkt seiner noch ungeklärten Emotionen.

Die **Seele**, als ein durchsichtiger, energetischer Lichtkörper voller Licht und Wärme, verbleibt noch eine gewisse Zeit im Körper, bis der letzte Atemzug vollzogen wurde. Innerhalb dieser Zeit fällt es dem Sterbenden oft viel leichter, sich den inneren Werten zu widmen. Denn durch den nun abwesenden Geist ist er pures Gefühl und hat keine Ablenkung mehr in Form von rationalen Zukunftsplänen und materieller Ausrichtung.

Er steht unverfälscht seinen Gefühlen gegenüber und hat die Chance, sich ihnen zu stellen und die Gelegenheit zur Entwicklung der Glückseligkeit in dieser verbleibenden irdischen Zeit zu nutzen. Die Seele im Sterbeprozess hat die Chance, in »Lichtgeschwindigkeit« die Entwicklung nachzuholen, der sie sich aus verschiedenen Gründen im bisherigen irdischen Leben entzogen hat.

So kann der sterbende Mensch in seinem Übergang in die himmlischen Sphären seine **Zeit zur Verarbeitung und zum Loslassen** der nun endenden Inkarnation nutzen.

Der »Schleier des Vergessens«, eine Energie, die sich während des Inkarnationsprozesses über die inkarnierende Seele, ihren Geist im Mutterleib, legt, damit sich dieser werdende Mensch nicht mehr an frühere Leben erinnern muss, sondern sich ganz auf die neuen Aufgaben und Chancen in der Gegenwart konzentrieren kann und sich nicht in Erinnerungen und Emotionen aus der Vergangenheit verliert beziehungsweise sich ablenken lässt, löst sich nun wieder auf. Der Mensch kann in dieser Phase nun wieder die geistigen Welten sehen.

Die Energie des Körpers erlischt langsam, sodass der Sterbende im wachen Zustand die geistigen Welten, die er nun genauso sieht wie die materiellen, oft mit den irdischen verwechselt. Dies macht dann auf die Begleiter einen wirren Eindruck. Der Sterbende wirkt immer mehr abwesend. Er **beobachtet die Seelen** anderer Verstorbener, die er in den jenseitigen Welten sieht, und gewöhnt sich allmählich an die geistige Welt. So geht die Zeit der Verarbeitung und des Loslassens weiter.

Im Lauf von diesem seelischen Sammlungsprozess strahlt der Geist dieses Menschen aus der geistigen Welt der Akasha-Chronik hinunter. Er leuchtet wie ein Stern und beleuchtet der Seele ihren Weg in das Licht.

Die Seele steht nun neben ihrem liegenden friedvoll sterbenden Körper. Sie schwebt über der Erde, also einem dunklen Boden, der die irdische Welt widerspiegelt. Vor ihr befindet sich ihr lichtvoll strahlender **Schutzengel** und schwebt über einer hellen und lichten Dimension. Vor diesem Übergang, dem Schritt über die Schwelle, sammelt sich die Seele in ihren Seelenanteilen noch mehr, bevor sie ihren Körper ganz verlassen und sich in die geistige Ebene bewegen kann.

Ihr Schutzengel öffnet seine Lichtflügel und Arme und lädt die Seele ins Jenseits ein. Jetzt geht es darum, dass die Seele diesem Licht vertraut und es sich zutraut, den »Schritt« hin zu ihrem Schutzengel zu machen und das irdische Leben loszulassen. Diese Phase braucht oftmals etwas Zeit, bis die Seele absolutes Vertrauen entwickelt hat.

Die weitere Phase des seelischen Vorwärtskommens im Sterben ist **die Arbeit der Engel an der Seele**.

Der Raum ist voller Engel, ihr Licht »leuchtet« den Weg in eine neue geistige Geburt, damit die Seele mit größerer Sicherheit nach Hause zu Gott gehen kann.

Während der Sterbephasen ist oftmals zu beobachten, dass, je mehr die Seele aus dem Körper hinausgeht, umso mehr auch der Körper in seiner Materie vergeht. Man kann daran beobachten, dass es die Seele ist, die den Körper belebt.

Die Zeit der Sterbebegleitung sollte für den Sterbenden eine intensive, liebevolle und heilige Zeit des Lebens sein. Und auch für die begleitenden Familienangehörigen kann diese Begleitung eine große seelische Wachstumsphase darstellen. Denn das Sterben gehört zum irdischen Leben und ist genauso selbstverständlich wie die Geburt. Beides ist ein himmlisches Wunder: das Werden wie das Vergehen.

In der nächsten Phase, der Phase **des höheren Erkennens und Begreifens**, verweilt der Schutzengel immer noch geduldig und ruhig vor der Seele und wartet, bis diese das Verarbeiten und Loslassen abgeschlossen hat. Der Sterbende ist dabei noch weniger ansprechbar und macht durch seine körperlichen Bewegungen und seine Sprache oftmals einen wenig präsenten Eindruck.

Dabei betrachtet der Geist dieses Menschen in der Sphäre der Akasha-Chronik alle vergangenen Leben und vergleicht dies mit dem nun vergehenden.

Das nimmt die Seele des Sterbenden wahr und braucht dies auch, um aus den in diesem Leben eingetretenen Stagnationen herauszukommen, sich auf die Zukunft im Jenseits einzustellen und Vertrauen in diesen lichtvollen Schritt des Vorwärtsgehens über die geistige Schwelle zu entwickeln.

Nun kommt die Zeit, in der sich die Phase **des Loslassens** vollzieht. Die Seele hält weiterhin an ihrem Körper fest. Währenddessen treten Tag für Tag die Seelenanteile immer mehr aus dem Körper heraus und sammeln sich außerhalb. Dadurch gewinnt der Seelenleib, der neben dem Körper steht, immer mehr an Form und Fülle. Der Schutzengel begleitet den Prozess.

Die Seele entfernt sich nun etwas mehr vom Körper, während der Körper immer friedvoller und ruhiger wird.

In dieser Zeit lässt ihr Geist in der Akasha-Chronik seine eigene »Sternenform« los und wird mehr zu einem universellen Teil der Akasha-Chronik. Dies ist seine ursprüngliche Form, die auch die früheren irdischen Daseinsebenen enthält. Denn der Geist beinhaltet ja nicht nur die letzte Inkarnation, sondern die Summe aller bisherigen Leben.

Der Geist verbindet sich und identifiziert sich nun immer mehr mit dem Kosmos. Er schwingt nicht mehr mit der irdischen Welt, sondern verschwimmt in seiner Energie zum Ganzen mit dem Universum.

Die Seele hat noch Schwierigkeiten, sich vom Körper zu lösen, weil sie ihn als Teil von sich selbst empfindet. Der Körper ist jedoch nun nicht mehr Teil der Seele, sondern ein vorübergehendes Zuhause oder Werkzeug gewesen, das nun ausgedient hat und dem Geist und der Seele keinen Raum mehr fürs irdische Dasein geben kann. Daher soll er in Dankbarkeit losgelassen und der Erde, der Materie, zurückgegeben werden.

Den Menschen fällt es oft schwer, die Unsterblichkeit der Seele zu verstehen, weil sie sich mehr über den Körper identifizieren und weniger als Seele (Gefühl) und

Geist (Klarheit) darin. Deshalb glauben viele Menschen eher an die Endlichkeit des Lebens und die damit verbundene Hilflosigkeit vor dem Tod statt an die Unendlichkeit und Liebe.

Wenn sich die Seele vertrauensvoll dem Neuen stellen kann, schläft ihr Körper für immer ein.

Kurz nach dem letzten Atemzug ist die Seele des Verstorbenen bereits im **Lichtkanal** des Jenseits, mit ihrem Schutzengel aufsteigend und voller Zuversicht und Bereitschaft.

Diese Beschreibung bezieht sich auf einen Menschen, der voller Aufmerksamkeit und Vertrauen seinen Sterbeweg aus Altersgründen geht. Bei Nahtoderlebnissen, Unfalltod, Spontantod oder Suizid etc. gibt es natürlich Abweichungen.

Was geschieht mit der Seele nach dem Sterbeprozess im Jenseits?

Nach dem Ableben betritt die Seele des Menschen das Himmelreich Gottes, die geistigen Welten. Der Schutzengel hüllt die ankommende Seele ein, um ihr Geborgenheit und Sicherheit in der »neuen« Dimension zu vermitteln. Dies kann auch in manchen Fällen ein bereits verstorbener Verwandter oder Jesus sein (in anderen Kulturen auch ein anderes heiliges Wesen, das die Seele empfängt).

Es kommt jedoch auch vor, dass der Mensch nicht begreift, dass er verstorben ist. Seelen, die den größten Teil ihres Lebens in Wut, Aggression oder als nicht gläubige

Atheisten verbrachten und diese Emotionen in die lichten Welten mitnehmen, werden zum Teil große Schwierigkeiten haben, sich in den geistigen Welten zurechtzufinden, da es hier keine Konturen und Strukturen gibt. Sie werden zunächst in den unteren Astralwelten verweilen, weil sie den Blick nicht zum Licht erheben, da sie dort nichts erwarten. Ebenso können durch Spontantod, wie Unfall, Krieg, Infarkt etc., ums Leben gekommene Menschen in einem Schock verharren und noch nicht begreifen, dass sie gestorben sind. Sie verbleiben in der erdnahen Dimension, in der Nähe der Menschen, und fühlen sich dabei wie zuvor, als sie noch lebten. Sie verbleiben so lange in diesem Zustand, bis sie begreifen, dass etwas anders ist, und suchend den Blick heben. Nun kann der lichtvolle Aufstieg stattfinden.

Die Seelen, die sich vom Licht einhüllen lassen, können die irdische Bindung loslassen und in Leichtigkeit aufsteigen. Sie werden weiter in die höheren Himmelssphären geleitet.

Die Seele wird nun zu den **höheren Astralwelten** geführt, wo die eigentliche Lebensrückschau stattfindet. Hier kann die Seele auch die wichtigsten, für ihre Entwicklung nötigen Emotionen und Geschehnisse aus früheren Leben wahrnehmen und sie mit den gemachten Erfahrungen des vergangenen Lebens vergleichen.

Die höheren Astralwelten kann man sich vereinfacht als ein Haus mit sieben Stockwerken vorstellen. In den einzelnen Stockwerken befinden sich die Aufenthaltsräume, in denen die Seelen rückblickend die Emotionen, die im Leben blockiert waren und durch die sie in ihrer Entwicklung stehen geblieben sind, genau betrachten und lösen. Diese Dimensionen, die die Seele durchläuft, haben den tiefen Sinn, dass wirklich jede Seele geläutert und befreit ins Licht gelangt, um losgelöst ihrer weiteren Entwicklung nachzukommen.

Die erste Stufe ist die **Erkenntnis**. Hier geht es darum, zu erkennen, dass das irdische Leben vorbei ist und das Ziel auf das Neue gerichtet wird. Dies ist erst dann möglich, wenn die Seele im Jenseits bereit ist, diesen Zustand zu erkennen und zu akzeptieren.

Die zweite Stufe ist das **Verständnis** – verstehen, warum die Dinge so sind, wie sie sind und waren, und warum die Menschen, die der Seele im Leben begegneten, sich so verhielten, wie sie sich verhielten, und warum sie selbst sich so verhielt. Das ist eine besonders herausfordernde Aufgabe. Denn auf dieser Ebene findet die erste und somit die intensivste Lebensrückschau der Seele im Jenseits statt.

Die dritte Stufe dient der **Vergebung** – sich selbst und allen anderen alles Negative zu vergeben, was noch zu spüren ist.

In der vierten Dimension geht es um das **Vertrauen**: Vertrauen in sich, in die Situation, in das Licht Gottes, in den Schutzengel und darauf, dass alles lichtvoll weitergeht.

Die fünfte Stufe steht für den **Mut**, den Schritt in das Licht zu tun und sich auf das Neue einzulassen, nachdem das Vergangene betrachtet und aufgearbeitet werden konnte. Es ist der Mut, die eigenen Grenzen zu überwinden, weil man aus den bisherigen bewussten, begrenzten Erfahrungen die lichtvolle Wahrheit nicht kennen kann.

Die sechste Stufe ist das **Loslassen**. Alles Vergangene, alle Erwartungen und Befürchtungen müssen hier losgelassen werden, das heißt, die Seele muss nun erwartungslos den Ist-Zustand annehmen.

Die siebte Stufe ist die **Liebe** – alles nur in Liebe betrachten, nur an Liebe glauben, nur Liebe sein.

Jede Seele erlebt ihren Weg der Liebe in dem ihr eigenen emotionalen Zustand. Die eine empfindet mehr, die andere weniger. Ausschlaggebend dafür ist, wie hoch eine entsprechende seelische Entwicklung in den bisherigen Inkarnationen stattgefunden hat. Das Erkennen und Erleben der Liebe ist ein erfüllender Zustand, der nun den weiteren Weg der Seele bestimmt.

Abhängig davon, wie stark die Seele das Gefühl der Liebe erlebt, zieht es sie im Licht weiter oder zurück auf die Erde.

Die Seele kann auch erkennen, dass sie dieses Gefühl der Liebe noch weiterentwickeln will und dies am besten auf der Erde im Zusammenleben mit ihren Mitmenschen schafft, und entscheidet sich somit für ein neues irdisches Leben.

Fühlt sich eine Seele so rein, liebe- und lichtvoll für die allerhöchste paradiesische Himmelsdimension, wird sie ganz selbstverständlich in ihrer erhöhten Schwingungsfrequenz ins Paradies eintreten und unter den lichtvollen Seelen und Engeln, ohne vorübergehend mit gezielten Aufgaben befasst zu sein, im Austausch und Frieden verweilen und Gottes Schwingung hoch halten.

Wie kann ich die Angst vor dem Tod überwinden oder zumindest lindern?

Der Tod ist unausweichlich und macht den meisten Menschen Angst, da sie sich zu sehr in der Materie eingerichtet haben und nicht an einen tiefen Sinn des Lebens und an ein Weiterleben nach dem Tod glauben. Die Seele ist aber unsterblich, und ohne Tod könnte auf der Erde auch kein neues Leben entstehen und keine Entwicklung stattfinden. Stellen Sie sich einmal vor, wie die Welt aussehen würde, wenn die Menschen ewig leben würden. Es wäre längst alles unter den Mächtigen aufgeteilt, überall würden Despoten regieren, und es gäbe so gut wie keine Möglichkeit für eine Veränderung. Wenn Sie sich die Zeit nehmen, ein solches Szenario geistig durchzuspielen, dann werden Sie sehr schnell erkennen können, wie perfekt der göttliche Plan ist, und den Tod als wichtigsten Freund der Menschheit akzeptieren, auch wenn er oft Trauer und Leid mit sich bringt.

Bei der Trauerbewältigung kann es auch hilfreich sein, den Sinn von Werden und Vergehen zu begreifen, den zu starken und einseitigen Glauben an das materielle Sein zu relativieren und ganz auf Gottes Schöpfung, seine Güte und Liebe und auf die Unterstützung der Engel zu vertrauen und zu begreifen, dass die Seele im Licht Gottes leicht und frei ist.

Verlieren Sie die Angst und setzen Sie sich damit auseinander. Es gibt diverse hilfreiche Literatur, auch über Nahtoderlebnisse. Auch wenn diese wenig mit dem tatsächlichen Tod zu tun haben und vollkommen anders verlaufen, so erlauben sie doch einen Blick auf den Tod und frühere Leben.

Ich kann diese geistigen Welten sehen und den Weg der Seelen im Jenseits verfolgen. Ich kann Ihnen versichern, dass es diese Welten gibt und keine Seele je verstorben ist.

Da diese Welten aber für die meisten Menschen nicht sichtbar sind, müssen Sie selbst entscheiden, ob Sie mir glauben oder nicht. Ich möchte Ihnen den Rat geben, sich an einen stillen Ort zu begeben und dort, ohne zu grübeln, in sich hineinzuhören, was Sie mit tiefem innerem Vertrauen erfüllt. Diesen Empfindungen sollten Sie dann nachgehen, ohne sie intellektuell zu zerdenken. So kommen Sie Ihrer eigenen Wahrheit näher.

Können wir uns bereits zu Lebzeiten besser auf die Jenseitswelt vorbereiten?

Man kann nicht früh genug damit beginnen, sich ein Bewusstsein über den Lebenssinn, das gegenwärtige Leben, den Kreislauf des Sterbens und der Wiedergeburt anzueignen. Denn dies ermöglicht ein aufgerichtetes, mutiges und bewusstes Leben aus vollem Herzen hier auf der Erde, im Übergang und im Himmel. Die Lernprozesse sind auf Erden wie im Himmel immer dieselben. Es geht um seelische Prozesse wie Erkenntnis, Verständnis, Vergebung, Vertrauen, Mut, Loslassen, Liebe.

Diese Schritte sind für die Lebensqualität der Gegenwart, im Sterbeprozess sowie im Jenseits von großer Bedeutung, denn dadurch wird ein angstfreies und friedvolles Leben, Hinübergehen und Aufsteigen ins Licht schneller ermöglicht.

Die geistige Haltung eines jeden Menschen stellt einen entscheidenden Schritt zu diesem inneren Frieden dar. Diese sollte am besten so sein, dass man denkt und fühlt: »Ich freue mich stets, dass es immer weitergeht.«

Diese bewusst eingenommene innere Haltung führt dazu, dass man die Gegenwart der Engel spüren kann, auch wenn man sie vielleicht noch nicht sieht. Findet der Mensch bereits zu Lebzeiten Vertrauen in die geistigen Welten, wird er sich umso vertrauensvoller in die Feinstofflichkeit hineinbegeben und die Führung und Begleitung des Schutzengels annehmen können.

Unsere Skepsis kann uns aber beim Übergang ins Jenseits wie auch im irdischen Leben bremsen. So gibt es Menschen, die bereits in der Sterbephase ihr altes Leben vertrauensvoll aufgeben und in die lichtvollen Dimensionen einziehen können. Andere tun sich dabei erheblich schwerer.

»Wenn ihr nicht werdet wie die Kinder ...« (Matthäus 18:2–10). Dieser Spruch drückt deutlich aus, dass wir, um uns in den jenseitigen Welten zurechtzufinden, frei von belastenden Emotionen und Beurteilungen sein müssen. Wenn wir unseren irdischen Körper verlassen, überschreiten wir die Schwelle ins Jenseits.

Denn in den Sterbephasen zeigen sich die schon beschriebenen Werte Erkenntnis, Verständnis, Vergebung, Vertrauen, Mut, Loslassen und Liebe wieder.

So wie im täglichen irdischen Leben geht es bei der Erkenntnis darum, am Vergangenen nicht festzuhalten, sondern stets offen und interessiert wie ein Kind nach vorne zu blicken. Es ist wichtig, im Leben zu üben, gewisse unumgängliche Geschehnisse zu akzeptieren, statt zu kämpfen.

Diese Aufgabe durchlebt die Seele ebenfalls in den Sterbephasen ihrer Körperlichkeit. Wenn der sterbende Mensch sich bewusst wird, dass sein bisheriges Leben vorbeigeht, und sich mit großer Faszination auf das neue Leben im Jenseits freut und sich somit vorbereitet, wird es ihm leichterfallen, loszulassen und den Weg des Lichtes zu gehen.

All das sollte der Mensch sich jeden Tag bewusst machen und niemals in angstgeprägten Emotionen erstarren, sondern das Herz im täglichen Bewusstsein immer weiter zur Liebe öffnen. Denn liebevolle emotionale, seelische Entwicklung prägt nicht nur das gegenwärtige Leben, das Loslassen im Sterben und das Sichzurechtfinden in den jenseitigen Welten, sondern auch die zukünftigen Inkarnationen.

Der Mensch möge sich bereits hier und heute immer wieder fragen: »Wo bin ich blockiert und verbittert?«, und diesem heilend nachgehen. Denn in der Materie kann der Mensch irdische Erfahrungen in Resonanz mit beteiligten Menschen sammeln und zum Beispiel durch ein klärendes Gespräch, eine liebevolle Geste und somit ein neues Verhaltensmuster Vergebung üben.

Es ist wichtig, Probleme und weniger harmonische Beziehungen zu klären, um sie in Zukunft nicht mehr anzuziehen.

In der vierten Lebensqualität geht es um das Vertrauen. Vertrauen ist bereits zu Lebzeiten eine der größten Herausforderungen für die Menschen – sei es Vertrauen zu sich selbst, zu den Mitmenschen, zu Gott und zur geistigen Führung etc. Diese Entwicklung kann bereits hier auf Erden geschehen, wenn man allem Geschehenen nachträglich einen lichtvollen Sinn gibt.

Die fünfte Kraft ist der Mut, Mut, den Schritt in das Licht zu tun und sich auf das Neue einzulassen.

Der sechste Schritt wäre das Loslassen. Das Loslassen ist der Schritt in einen noch feinstofflicheren und erlösten Seelenzustand, um für einen Neubeginn im Licht frei zu sein.

Bei der siebten Fähigkeit geht es um die Liebe: alles nur in Liebe betrachten, nur an Liebe glauben, nur Liebe sein. Und diese Aufgabe begleitet den Menschen selbstverständlich auch auf Erden. Es geht um das Erkennen und Empfinden der Ganzheit Gottes im Inneren, oben wie unten, innen wie außen.

Was ist Karma?

Karma sind die nicht losgelassenen Emotionen aus den Erfahrungen früherer Leben. Diese sind noch nicht abgeschlossen, weil der Mensch offensichtlich aus ihnen etwas Bestimmtes lernen kann.

Probleme im jetzigen Leben können (müssen jedoch nicht) ihre emotionale Ursache in früheren Leben haben. Die Auflösung hängt von der inneren, unbewussten Bereitschaft des Menschen und von der »Reife« des Zeitpunktes ab. Denn oftmals braucht der Mensch noch weitere Erfahrungen, bis er auf diese Emotionen nicht mehr resoniert.

Man sollte sich jedoch nicht zu viel mit diesem Thema beschäftigen, denn das meiste, was wir aufzuarbeiten haben, rührt vom jetzigen Leben her. Wenn es uns gelingt, dies zu heilen, kann der karmische Rest sich oft von allein lösen. Heilungen alter Emotionen geschehen am ehesten durch Vertrauen, Liebe und Vergebung (auch sich selbst).

Kann ich über meinen Schutzengel mein Karma erfahren?

Der Schutzengel ist generell nicht dafür da, über vergangene Inkarnationen aufzuklären.

Seine schützende, behütende Aufgabe basiert darauf, Sie durch Ihren inneren Ruf an den Lebenssinn zu führen. Sie können von ihm Botschaften erhalten, die auf dem gegenwärtigen nächsten Schritt basieren und einem Zukunftsimpuls entsprechen.

Wenn Sie diesem folgen und Ihren heutigen Lebenssinn erfüllen, der ja auch auf karmischen Prägungen basiert, können Sie unbewusst Ihre karmischen Verstrickungen lösen. Denn Lebenssinn bedeutet, Vergangenes ganz aufzugeben, um Liebe zu leben.

Karma ist die Summe nicht verarbeiteter Gefühle. Öffnen Sie deshalb lieber Ihr Herz der Liebe. Es können sich dann andere blockierende Gefühle lösen. Es würde Sie auch nicht sonderlich weiterbringen, wenn Sie auf der bewussten Ebene Näheres über karmische Erfahrungen wüssten.

Haben Tiere auch einen Schutzengel?
Was passiert mit der Seele eines Tieres nach dem Tod?

Tiere haben keinen persönlichen Schutzengel, weil sie keine individuelle Lebensaufgabe und kein individuelles Bewusstsein haben. Sie haben ein globales Bewusstsein, und deshalb gibt es einen globalen Schutzengel für jede Tierart.

Alle Tiere haben eine Seele. Es handelt sich hierbei aber nicht um eine Individualseele, sondern um eine Kommunalseele.

Das Tierreich weist verschiedene Entwicklungsstufen auf. So haben Echsen ein reines Instinkthirn, das ausschließlich dem Überleben dient, andere Tiere besitzen ein wesentlich höher differenziertes Gehirn, manche besitzen ein limbisches System, das sie zu Gefühlen außerhalb des Instinktes befähigt.

Aber um ein Bewusstsein zu besitzen, bedarf es eines ausgebildeten Großhirns, und das hat kein Tier. Da die Tiere kein individuelles Bewusstsein haben, können sie auch keine individuelle Seele haben. Sie wissen auch nicht, dass sie leben, und damit auch nicht, dass sie sterben. So haben sie auch keine Probleme mit dem Tod.

Sie haben aber trotzdem einen Überlebensimpuls, der aber nichts mit der Angst vor dem Ableben zu tun hat. Dieser Impuls bewahrt jedes Wesen davor, achtlos mit der Gefahr umzugehen. Dieser Überlebensimpuls lässt beispielsweise eine Fliege die Flucht ergreifen, wenn jemand nach ihr schlägt.

Da Tiere also kein individuelles Bewusstsein und keinen individuellen Geist, sondern nur eine individuelle

Seele haben, können sie keinen individuellen Schutzengel haben. Sie können auch nicht als Individualseele in die geistigen Welten hineingehen. Die Tiere kommen vielmehr aus einem Meer der Kommunalseelen und gehen nach ihrem Tod auch wieder dorthin zurück.

Brauchen Verstorbene die Hilfe der Hinterbliebenen?

Hier gilt: »Begrabt die Toten und folgt den Lebenden.« Denn grundsätzlich ist es wichtig, dass die Hinterbliebenen den Blick in die Zukunft richten. Aber selbstverständlich sollen wir die Verstorbenen von ganzem Herzen liebevoll verabschieden und ihnen mit Segnungen und Gebeten den Weg ins Licht, in den Himmel, ebnen.

Sie können dafür immer wieder eine Kerze für den Verstorbenen anzünden, zu Hause, an einem besonderen Kraftort oder in einer Kirche, und ihn dabei mit Gebeten begleiten. Tun Sie das vor allem immer dann, wenn Sie feststellen, dass Sie an ihn denken – denn dass er sich bei Ihnen in Ihren Gedanken »meldet«, kann oftmals so etwas wie eine Bitte oder ein Hilferuf sein. Das Feuer und das Licht der Kerze und die aufrichtigen Gebete mögen helfen, das Leid der Hinterbliebenen zu heilen und den Verstorbenen ins Licht zu begleiten.

Bedenken Sie immer, dass im Jenseits keine Strukturen und Konturen existieren und es deshalb für viele Verstorbene zunächst nicht leicht ist, sich dort zurechtzufinden.

Sie sollten auch darauf achten, dass Sie in Erinnerung an einen Verstorbenen nicht aus zu starken melancholischen oder sentimentalen Gründen immer wieder erneut in hilflose Trauer verfallen, da dies den Verstorbenen wieder in die Erdennähe zurückziehen kann. Je schneller Sie die Trauer im göttlichen Vertrauen licht- und liebevoll bewältigen können, desto leichter und friedvoller wird die Seele die irdischen Sphären loslassen und sich dem lichtvollen Aufstieg widmen können.

Seit mein Vater verstorben ist, geht bei uns wiederholt plötzlich das Licht aus. Kann es etwas mit ihm zu tun haben?

Die Verstorbenen können zum Beispiel durch Träume, Gefühle, Erinnerungen oder auch durch auffallende Situationen auf sich aufmerksam machen. Damit möchten sie um Gebete, Kerzenrituale, Messen etc. bitten, um den Weg ins Licht zu finden. Lässt man dem Verstorbenen diese Hilfe zuteilwerden, entwickeln sich alle Beteiligten zu mehr Leichtigkeit und Liebe. Sie können bei solchen Vorkommnissen folgendes Befreiungsgebet für Verstorbene sprechen:

»Du wirst von uns geliebt,
doch unsere Wege wurden getrennt.
Gehe du nun in die himmlischen Sphären,
während wir noch weiterhin unseren Aufgaben
auf der Erde nachgehen.
Möge dein Weg wie auch unser Weg weiterhin
lichtvoll verlaufen.
Schaue also nach oben in das Licht und
folge den Engeln.
Amen.«

Wie kann ich den erstarrten Seelen, die den Weg ins Licht nicht finden, beim Aufsteigen helfen?

Es gibt in der Tat unzählige Seelen im Jenseits, die noch nicht bereit sind, ins Licht aufzusteigen. Das liegt jedoch nicht an der mangelnden Zuwendung lebender Menschen, sondern an der fehlenden Bereitschaft der Seelen im Jenseits, ihren Blickwinkel auf das Leben und die Schöpfung zu korrigieren und Liebe und Licht in sich zuzulassen.

Für die Lebenden ist es wichtig, sich nicht in dem selbst erschaffenen Leid dieser Seelen zu verlieren, sondern an der eigenen Liebesfähigkeit zu arbeiten, sie zu vermehren und das eigene Glück vorzuleben. Denn wir können weder Verstorbene noch Lebende belehren, sondern sie nur durch unser liebevolles, aufrichtiges und gütiges Vorleben zum Nachahmen bewegen. Gehen Sie nicht in die Resonanz mit dem Leid und der Schwere, da diese oftmals die eigenen inneren Zweifel widerspiegeln.

Wenn Sie einem inneren Ruf zum Helfen folgen, können Sie zum Beispiel in Ihrer inneren Kraft und Liebe immer wieder an Kraftorten oder in den Kirchen, besonders auch an Allerheiligen und Allerseelen, eine Kerze anzünden und folgendes Gebet sprechen:

»Mögen wir alle nach oben ins Licht schauen
und uns von den Engeln den Weg zu Gott
und innerem Frieden aufzeigen lassen.
Amen.«

Aber es ist wichtig, dass Sie danach nicht in der Resonanz verharren, sondern vielmehr Ihr eigenes Leben freudvoll meistern. Dann sind Sie ein heller Stern auf unserer Erde und bringen Licht und Liebe auch in die dunkelsten Ecken, und andere können folgen.

Wie ist es möglich, dass ein hellsichtiger Mensch Kontakt mit geistigen Wesen aufnehmen kann?

Ich beantworte diese Frage am besten aus meiner persönlichen Erfahrung. Ich bin seit Geburt hellsichtig und kann die unsichtbaren Welten so genau beschreiben, weil ich sie genauso deutlich sehen kann wie die Materie. Viele werden sich natürlich fragen, wie so etwas möglich ist. »Man sieht nur mit dem Herzen gut.« Ich habe die Fähigkeit, bereits zu Lebzeiten aus der Trias Körper, Seele und Geist die Anteile der Seele von Körper und Geist abzuspalten und mein Bewusstsein auf eine höhere Frequenz zu heben. Dies bedeutet, ich kann mich mit meiner Seele völlig losgelöst in den geistigen Welten bewegen. Ich befinde mich dann in demselben Zustand als Seele, in dem sich die menschlichen Seelen nach dem Ableben und auch die Engel befinden. Im Jenseits herrschen Frieden und Liebe. Die lichtvollen Geistwesen und die Seelen Verstorbener verstehen sich auf der Ebene vollkommener Harmonie. Der Austausch findet auf feinstofflicher Ebene durch Gefühle, Empfindungen, Farben und Töne statt. Bedenken wir bitte an dieser Stelle, dass Seelen keine Sprachorgane besitzen, und auch keinen Geist. Denn intellektueller Austausch, der zu Lebzeiten zu Auseinandersetzungen und

Diskussionen führt, ist in dieser Dimension nicht nötig und wäre auch nicht möglich. Die Kraft des intellektuellen Austausches unterliegt dem Geist, dieser befindet sich nach unserem Tod mit all seinen Erinnerungen an die irdischen Erfahrungen in der Akasha-Chronik und steht uns im nächsten Erdenleben wieder zur Verfügung, in dem wir all die gemachten Erkenntnisse und Erfahrungen aus unseren Inkarnationen für unsere weitere Entwicklung im göttlichen Plan benötigen.

Der Austausch der Seelen im Jenseits erfolgt also allein über Emotionen. Den emotionalen Gedankenaustausch mit der geistigen Welt übersetze ich mithilfe meines Geistes und Intellekts in die menschliche Sprache.

Alle spirituellen Werke wurden auf diese Art geschrieben. Weder Gott noch andere geistige Wesen besitzen Sprachorgane und teilen sich über die Sprache mit – noch haben sie dies jemals getan. Der Austausch geschieht immer ausschließlich auf der Seelenebene durch eine emotionale, bilder- und gestikreiche Vermittlung. Genauso funktioniert der Austausch zwischen den Seelen und den anderen geistigen Wesenheiten untereinander. Wenn ein Mensch die Fähigkeit besitzt, mit den geistigen Welten zu kommunizieren, benötigt er zusätzlich die Eigenschaft, von der Unendlichkeit des Himmels dies in unsere irdische Sphäre und unsere Vorstellungen zu übersetzen, damit die Menschen es verstehen können.

Theoretisch ist jeder Mensch in der Lage, mit den geistigen Wesen zu kommunizieren. Wenn Sie Ihr Bewusstsein auf eine höhere Frequenz anheben könnten, wären Sie sofort in der feinstofflichen Welt der Engel.

Wirken sich starke Medikamente zum Lebensende beziehungsweise im Sterbeprozess auf das Loslassen der Seele beziehungsweise ihren Aufstieg aus?

Starke Medikamente zum Lebensende beziehungsweise im Sterbeprozess wirken sich nicht im ausgeprägten Maße auf das Loslassen der Seele aus, denn die Seele kann ihre erlösende bewusste Entwicklung auch im Jenseits auf ihre Weise nachholen.

Beim physischen Tod trennen sich Körper, Seele und Geist. Der Körper bleibt zurück, die Seele mit all ihren Emotionen und der Geist mit all seinen Erfahrungen bleiben bestehen.

Durch Aufgabe des Körpers lösen wir uns aus dem Raum. Da die Zeit an den Raum gebunden ist, gibt es dann auch keine Zeit mehr. Da unser zu Lebzeiten vorhandener Intellekt an das Gehirn, das ebenfalls aus Materie besteht, gebunden war, steht er uns nun auch nicht mehr zur Verfügung.

Wir sind danach eine lichtvolle Seele mit all ihren Emotionen in einer neuen Dimension der Grenzenlosigkeit. Der Weg führt für jede Seele, mit Unterstützung der Engel, in die lichtvollen Welten. Wie schnell und wie lichtvoll sich der Aufstieg vollzieht, liegt an jedem Einzelnen selbst.

Die geistige Haltung, die die sterbende Person einnimmt, stellt einen entscheidenden Schritt zum inneren Frieden dar und hat nicht nur Einfluss auf das nun zu Ende gehende Leben, sondern auch auf das spätere Zurechtfinden in den geistigen Welten.

Jede Seele hat eine lichtvolle Veränderung durchzumachen, weil eine Resonanz auf die Angst und die Schwere zunächst auch im Jenseits verbleibt. Selbstverständlich hat jede Seele ihren individuellen Entwicklungsweg.

Ich beobachte, dass gerade nach dem Tod von Menschen aufgrund schwerer Krankheiten die Engel die Seele aufnehmen und begleiten und in einen heilsamen Schlaf führen. Dieser Schlaf kommt umso eher, wenn die Seele bereit ist, ihren Kummer loszulassen, der zur Krankheit geführt hat.

Der heilsame Schlaf der Seele kann (nach unseren Zeitbegriffen) Monate dauern. In dieser Zeit erholt sie sich. Sie kann neue Kräfte sammeln, bis sie wieder erwacht und mit frischer Aufmerksamkeit ihr vergangenes Erdenleben noch einmal anschauen kann. In dieser Zeit erholt sich die Seele energetisch auch von den Medikamenten, die ihr im Sterbeprozess verabreicht wurden.

Dann hat die Seele die Aufgabe, durch ihre Liebesfähigkeit in die höheren Astralwelten aufzusteigen, um dort ihre weiteren Entwicklungsschritte zu vollziehen.

Was sind Poltergeister, und gibt es sie wirklich?

Wenn ein Mensch stirbt, der zu Lebzeiten ein eigenbrötlerisches Leben geführt hat, sodass kein oder nur ein geringer Gedankenaustausch mit den Mitmenschen stattfinden konnte, dann war auch nur eine isolierte Selbstwahrnehmung möglich.

Er hat dann seine Mitmenschen zwar mit den Augen wahrgenommen, eine emotionale Verbindung beziehungsweise ein emotionaler Austausch hat jedoch meist nur unterschwellig stattgefunden. Er hat sich also weniger mit den Menschen als mit sich und seinem Besitz verbunden.

Wenn ein solcher Mensch nun stirbt und, wie es vielen anderen ja auch ergeht, nicht wahrnehmen kann, dass er verstorben ist, wird er weiterhin den irdischen Dimensionen verhaftet bleiben und seinen Besitz weiterhin bewohnen.

Wenn nun neue Bewohner in seine Gemächer einziehen, wird er empört und wütend darauf reagieren und sich eingeengt und bedrängt fühlen. Immer wenn seine Emotionen ansteigen und sich verstärken, kommt es zu einer Verdichtung dieser wütenden Energie.

Wenn eine Seele diesen tiefen irdischen, materiellen Dimensionen verhaftet bleibt, ist ihre Form noch der eines lebenden Menschen sehr ähnlich. Diese Seele, dieser »Geist«, ist dann in der Lage, im Zustand seiner maximalen emotionalen Energieladung gegen Materie zu klopfen, was dann auch die entsprechenden hörbaren Klopfgeräusche erzeugen kann. Dieses Szenario soll der Vertreibung der »Eindringlinge« dienen.

Es gibt jedoch auch andere Verstorbene, die ebenfalls als »Geister« noch ihre Wohnungen und Häuser bewohnen, aber sich so zurückhaltend verhalten, dass die neuen Bewohner sie nicht wahrnehmen werden. Es herrscht hier auch keine besitzergreifende Energie vor.

Hier die Geschichte von einer zurückhaltenden Seele, die immer noch ihre frühere Mietswohnung bewohnt.

Clara war 76 Jahre alt und lebte sehr zurückgezogen in ihrer kleinen Stadtwohnung. Sie hatte kein Vertrauen zu ihren Mitmenschen und daher auch keine wirklichen

Freunde. Als sie plötzlich starb, bemerkte dies zunächst niemand. Ihre Leiche wurde erst eine Woche später entdeckt. Heute, sieben Jahre nach ihrem Tod, lebt sie immer noch in ihrer Wohnung, denn sie hat ihr Hinscheiden nicht gemerkt.

Wir erinnern uns daran, dass es für die Verstorbenen keine weiterlaufende Zeit gibt. Für sie spielt sich alles im Moment und in der Emotion des Ablebens ab, welches sie gar nicht wahrgenommen hat.

Ich kann sie zwar wahrnehmen, aber ihr keinen Impuls geben. Da sie kein Vertrauen hat, wird sie weder auf mich noch auf andere hören.

Der Schutzengel befindet sich bei ihr und versucht, sie ins Licht zu locken. Dadurch, dass mittlerweile andere Menschen ihre ehemaligen Räume bewohnen, wird sie mit der Zeit mehr und mehr begreifen, was passiert ist, um sich irgendwann auf den Schutzengel und die geistigen Welten einzulassen. Dann wird auch ihr Aufstieg beginnen.

Steht der Todeszeitpunkt fest, und können die Engel den Tod voraussehen?

Der Todeszeitpunkt steht in den meisten Fällen nicht bereits mit der Geburt fest. Im Verlauf des Lebens zeigt sich, wie weit der Mensch seinen beabsichtigten Lebensweg gehen kann, der für die Entwicklung der Seeleneigenschaften wichtig ist. In diese Seelenvorhaben schwingen die Schicksalskräfte und führen den Menschen. Dafür ist es nötig, verstärkt dem Herzen zu folgen. Das bedeutet, der Mensch lebt in der Regel so lange auf

Erden, solange er lernen und sich weiterentwickeln kann. Dieser Verlauf hängt mit seinem Unterbewusstsein zusammen. Deshalb kann auch ein Schutzengel den Tod nicht voraussehen.

Ein hellsichtiger Mensch kann die Zeichen des nahenden Sterbeprozesses anhand der Anwesenheit von Loslassengeln zwar sehen, doch dies kann Wochen, Monate, sogar Jahre dauern, abhängig von der unbewussten Bereitschaft des Menschen, loszulassen. Deshalb sollte sich niemand, weder ein Hellseher noch ein Arzt, dazu verleiten lassen, einen Todeszeitpunkt vorauszusagen. Denn diese Voraussage wird aus der höheren Sicht nie richtig sein, sondern nur Ängste und Blockaden schüren. »Herr, dein Wille geschehe ...« – das sollte die Einstellung sein.

5 Naturwesen

Was sind Naturwesen, und üben sie auch Einfluss auf Menschen aus? Wie kann man sie wahrnehmen und sich mit ihnen austauschen?

Die Existenz der Naturwesen ist in unserer Kultur den meisten Menschen nicht sehr geläufig. Engel kennen wir aus der Bibel und anderen religiösen Schriften. Naturwesen kennen wir zwar aus Märchen, denen wir als Kinder fasziniert zugehört haben, aber mit zunehmendem Erwachen des Intellekts haben wir nicht mehr an ihre Existenz geglaubt. Und doch existieren diese Wesen und beseelen die Natur.

Naturwesen sind lichtvolle, feinstoffliche Wesen, die die Natur mit ihrer Energie beseelen und sich energetisch, heilend und liebevoll auch mit dem Menschen verbinden können.

Ihre Aufgaben erstrecken sich auf die Erde und die Flora. Ähnlich wie bei den Engeln gibt es auch bei Naturwesen und Elementargeistern eine ganze Fülle unterschiedlicher lichtvoller geistiger Wesen.

Sensible Menschen können von ihnen sogar energetische Behandlungen, von anderen wiederum persönliche Botschaften, die an die Befindlichkeit des Menschen gerichtet sind, oder auch Empfehlungen für eine heilende Gestaltung des Gartens erhalten.

Diese heilenden Kräfte der Naturwesen wirken auf die Menschen meist unbewusst durch einen entspannten Aufenthalt in der Natur, jedoch kann man sie auch bewusst empfangen.

Der Umgang und besonders die Meditation mit Naturwesen können sehr hilfreich für die eigene Selbstwahrnehmung sein, denn die Natur bringt den Menschen am schnellsten und intensivsten zur Ruhe und in die Präsenz der Gegenwart.

Wir können Bäume, Pflanzen und Gestein anfassen, sehen und riechen. So fällt es uns oft leichter, über diese Sinneskontakte auch einen direkteren Zugang zu den Geistwesen, die sie beleben, zu finden.

Sind Naturwesen von individueller Gestalt, wie sehen sie aus und können sie ihre Gestalt verändern?

Die Naturwesen sind Schwingungen der Erde, die sie mit ihrer Energie beseelen und beleben. Je harmonischer die Verhältnisse sind, unter denen die Naturwesen wirken, umso besser gedeihen die Natur, die Insekten und Tiere.

Da es sich bei den Naturwesen um energetische Wesen handelt, können sie sich in ihrer Gestalt stetig verändern und doch eine gewisse individuelle Ausdruckskraft behalten, die ihre Aufgabe widerspiegelt.

Das möchte ich an zwei Beispielen erläutern.

Die **Baumgeister** sind hohe lichtvolle Wesen, die ungefähr so groß sind wie die entsprechenden Bäume. Im

Herbst zieht sich der Baumgeist immer mehr in den Baumstamm zurück, sodass er im Winter noch »kleiner« wird, weil dem Baum die Sonnenenergie fehlt und er sich eher in den Wurzeln, innerhalb der Erde, aufhält. So hält er die Energie des Baumes auch ohne Sonnenkräfte stabil. Die Bäume wirken im Winter auch unbeseelter.

Auch die **Zwerge** fallen in der stetigen Veränderung ihrer Gestalt auf. Je nachdem, womit sie beschäftigt sind, verändern sie ihre Schwingung und somit ihre Gestalt. Wenn sie zum Beispiel die Wurzeln der Wiesen energetisch stärken und »umgraben«, sehen sie wie kleine Wirbel aus. Deshalb werden sie in den Märchen mit sogenannten Zwergenmützchen gezeichnet. Ruhen sie hingegen in der Sonne und tanken ihre Energien auf, sehen sie eher wie runde Lichter aus.

Was sind Erdwesen, und welche Aufgaben haben sie?

Erdwesen sind Naturwesen, die speziellen Aufgaben im Zusammenhang mit der Erde und Pflanzen nachgehen. Sie energetisieren und beseelen die Erde, sodass diese eine fruchtbare und heilende Energie beinhaltet und somit alles gedeihen lässt. Es gibt natürlich unzählige Erdwesen. An drei Beispielen möchte ich diese für viele Menschen unsichtbare Welt nachvollziehbarer machen.

Die **Waldwächter** zum Beispiel sind hohe Naturwesen, weil sie größere Aufgaben haben. Sie ähneln in ihrer

Lichtgestalt etwas den Engeln und den Menschen. Sie haben die Aufgabe, für den betreffenden Wald zu sorgen und zusätzliche Waldwächter »auszubilden«, weil die Erde immer mehr lichtvolle Geistwesen benötigt, um die Energie aufrechtzuerhalten. Waldwächter besitzen eine große Kraft, die auch der Gesundheit des Menschen zugutekommen kann, wenn er sich viel in den Wäldern aufhält und sich darauf einlässt. Sie haben etwa menschliche Größe, eine grau-braune Gestalt, ihr »Gesichtsausdruck« zeigt sich offen und mitfühlend mit Mensch und Natur. Sie freuen sich, wenn der Mensch mit ihnen Kontakt aufnimmt; sie genießen es förmlich, ihre Heilkraft weiterzugeben und vom Menschen Liebe zurückzuempfangen.

Die **Steinwesen** sind Energiewesen, die im Gestein »wohnen«. Manchmal werden sie auch Steinmeister genannt. Im Inneren des Steins wirkt ihr Zuhause oft wie ein Labyrinth, und seine Farbe kann sich je nach Umstand und Schwingung ändern. Auch Steinwesen können Heilkraft an aufgeschlossene Menschen weiterleiten oder Impulse und Wissen, die in ihnen gespeichert sind, übermitteln.

Die **Wurzelwesen** sind von Gestalt her kleine Erdwesen. Sie stärken die Wurzelkraft der Bäume und Sträucher und sind auch große Heiler. In ihrem braunen Licht sehen sie den Wurzeln sehr ähnlich.

Wenn ich mich unter einen Baum lege und die Wurzelwesen in die Meditation einlade, springen sie auf mich und gehen auf meine Bitten hin gezielt heilend an die körperlichen Organe. Sie behandeln gerne die einzelnen Organe, die Schwachstellen aufweisen. Sie reinigen sie energetisch, versorgen sie mit Lichtenergie und machen mir sogar Vorschläge, wie ich körperlich gesünder leben kann.

Was sind Wasserwesen, und welche Aufgaben haben sie?

Wasserwesen sind Naturwesen, die spezielle Aufgaben im Zusammenhang mit der Schwingung des Wassers und der damit verbundenen heilenden Information haben. Sie energetisieren und beseelen das Wasser, sodass es gesunde Energie enthält. Es gibt natürlich unzählige Wasserwesen. Zwei Beispiele sollen Ihnen diese Welt näherbringen.

Die **Unken** etwa sind Teichwesen (es sind nicht die gleichnamigen Kröten gemeint). Sie haben keine Heilaufgaben im Hinblick auf den Menschen, da Teiche auch weniger für die Energetisierung geeignet sind, ausgenommen zum Beispiel heilsame Moore. Die Unken vermitteln mir bei meinen Naturwesenseminaren individuelle Botschaften für die Teilnehmer, in denen sie deren Schwächen aufzeigen. Dies geschieht aber auf eine solche Art, dass man oft herzhaft darüber lachen kann. Diese Art von Umgang mit ihnen und mit sich selbst ist dann lustig und heilsam.

Durch ihre Schwingung und ihr Aussehen spiegeln sie ihre Aufgabe in der Natur wider. Diese besteht darin, die sumpfigen Gewässer zu energetisieren und somit zu beleben, und sie selbst sehen etwas gruselig, unförmig und matt aus. Mit ihrer eher unschönen Gestalt können sie den Menschen erschrecken, holen ihn damit aber auch aus seiner Enge heraus in die innere Bewegung und inspirieren ihn dazu, das weniger Schöne aus einem nutz- und sinnvollen Blickwinkel zu betrachten.

Die **Flusswesen** tragen Klänge und Töne der Natur in sich und entsprechen somit den kreativen Kräften. Mit ihrer Energie inspirieren sie den Menschen in seiner Entwicklung von Feinfühligkeit und Mitgefühl.

Ich denke dabei auch an die unzähligen Geschichten der Seefahrer über diese Wesen.

Wenn man bereit ist, sich auf eine solche innere Haltung einzulassen, wird man friedvoller in sich und somit auch »heiler«. Das Wasser trägt dann quasi unsere Sorgen davon.

Die Flusswesen haben eine sehr helle Schwingung und zeigen sich in einer neutralen, eher fließenden und formlosen Gestalt wie das Wasser selbst.

6 Resonanz, positives Denken, Glück, Erfolg und Finanzen

Warum ziehen manche Menschen viel Glück, Reichtum und Freude an, andere dagegen eher Leid und Misserfolg?

Vor Gott sind alle Menschen gleich.

Die Entwicklung des Lebens hängt mit dem Urvertrauen und somit mit vorherrschenden unterbewussten Glaubenssätzen zusammen, geprägt von vergangenen Erfahrungen, die meist in der Kindheit und/oder in früheren Inkarnationen gemacht wurden. Daraus resultieren das Selbstwertgefühl und die Selbstliebe.

Über das Resonanzprinzip zieht jeder Mensch die Energien an, die ihm am ehesten gleichen. Dies kann Eigenliebe oder auch Selbstablehnung sein. Somit resoniert er auf liebevolle oder auch weniger liebevolle Menschen, auf Gesundheit oder Krankheit, Reichtum oder Armut usw.

Jede Disharmonie ist eine Disharmonie im inneren Frieden. Hier ist es wichtig, Vertrauen in Gott, in die geistige Führung und die Engel zu finden. Daraus wird das Vertrauen in die eigene Person wachsen und das Leben zusehends in positive Richtung tendieren.

Wie vertragen sich Glück und Wohlstand, Materie und Spiritualität?

Das Materielle nicht in den Vordergrund zu stellen bedeutet nicht, es gänzlich außer Acht zu lassen. Es ist aber auch wichtig, sich nicht unbewusst einzuschränken.

Materialistische Ziele sollten mit dem Liebes- und Lebensgefühl im Einklang sein. Denn lieben heißt ja nicht, besitzlos leben zu müssen, und auch nicht, materiellen Existenzängsten verhaftet zu sein. Innerer Reichtum und Im-Fluss-Sein ziehen auch Fülle im Außen an.

Vertrauen in die göttliche Schöpfung und die Fülle des Alls, in die geistige Führung und die Unterstützung der geistigen Welt können den Lebensfluss grenzenlos stärken.

Warum habe ich ein schlechtes Verhältnis zu Geld, was bereitet mir zeitlebens finanzielle Schwierigkeiten?

Der Kosmos ist voller Fülle. Sie dürfen aus dieser Fülle leben und sich wünschen, was immer Sie wollen, solange Ihr Wunsch keinem anderen Menschen schadet, Sie also niemandem etwas wegnehmen.

Die finanzielle Lage spiegelt auch die Fähigkeit wider, sich im Leben behaupten zu können und den eigenen stimmigen Lebensweg zu gehen. Dies hat immer mit gesundem Selbstwertgefühl zu tun und der Wertschätzung des eigenen Zeit- und Arbeitsaufwandes.

Dabei ist es wichtig, den eigenen Mangel gedanklich zu hinterfragen, denn Geld gehört in unserer Kultur zur

Lebenswahrnehmung und Sicherung dazu. Stimmen die Motivation und das Vertrauen im Innen, so fließt es auch im Außen. Dabei sollte die finanzielle Fülle, die das Urvertrauen in die geistige Führung widerspiegelt, eine Selbstverständlichkeit sein. Denn aus Existenzangst heraus kann nichts gedeihen.

Sie können sich mit einer Segnung helfen. Sprechen Sie drei Wochen lang dreimal täglich, morgens, mittags und abends:

»Liebe lichtvolle geistige Welt, liebe Engel,
ich bitte um Segen für mein Leben und meine Sicherheit.
Im Vertrauen lasse ich meine innere Enge, Ängste
und Zweifel los und schaue voller Zuversicht in
ein bereicherndes und erfülltes Leben.
Amen.«

Dadurch wird es Ihnen immer besser gelingen, Ihre inneren Blockaden zu erkennen und schließlich loszulassen beziehungsweise zu verwandeln, indem Sie aus der Resonanz heraustreten. Stellen Sie sich in jedem Augenblick Ihres Lebens ganz selbstverständlich bildhaft vor, wie es Ihnen dauerhaft gut geht und wie Sie das Leben souverän, in Sicherheit meistern.

Das, was Sie heute in Ihrem Herzen fest glauben, kann morgen eintreten. Glauben Sie fest an die positive Kraft Ihres Unterbewusstseins.

– Euch geschehe nach eurem Glauben. –

Kann Spiritualität mir zum richtigen Beruf verhelfen?

Erst wenn der tiefe Sinn der Spiritualität wirklich verstanden wird, ist sie anwendbar und in den Alltag integrierbar. Der Sinn ist das erfüllende Erleben im Alltag und nicht die Flucht vor dem Alltag. Zum Alltag gehört auch das erfolgreiche Ausüben des Berufs. Wenn Sie Ihr ausgeübter Beruf nicht so recht befriedigt, sollten Sie zunächst in Ihren Gedanken nicht in einen Traumberuf flüchten, sondern sich eher fragen: Welche inneren Eigenschaften kann ich in meinem momentanen Berufsalltag entwickeln? Welchen lichtvollen Sinn kann ich darin finden? Erst wenn Sie diesen Akt friedvoll verinnerlicht haben, wissen Sie immer deutlicher, was Sie sich eigentlich wirklich wünschen und was Sie wirklich wollen. Dann können die beruflichen Begebenheiten sich lichtvoll dahingehend verändern, wie es für Sie sinnvoll ist und wie es Ihren Vorstellungen entspricht.

Spiritualität bringt immer eine innere Erkenntnis ins Außen.

Immer wenn auf dem Lebensweg etwas nicht funktioniert, ist es der Ruf der Seele zur Veränderung, zur Korrektur. Dann sollten Sie sich zurücknehmen, den Kopf frei machen vom bisherigen, meist tief eingefahrenen Gedankengut und den Sinn hinter allem erkennen. So können Sie den eigenen Lebensweg wie auch den beruflichen Werdegang beeinflussen und nach Ihren Fähigkeiten hin korrigieren. Der tiefe innere Glaube und die geistige Welt helfen Ihnen dabei, wenn Sie es zulassen. Dann sind sogenannte Hindernisse oft nicht einfach nur negativ, sondern Wegweisungen. Es sollte für jeden Menschen wichtig sein, täglich die Achtsamkeit im Alltag zu trainieren. Denn jeder Gedanke ist mitverantwortlich für das künftige Schicksal.

Dies lässt sich entwickeln, zum Beispiel durch die Tagesrückschau, also Selbstreflexion, auf die Arbeit bezogene Segnungen und Gebete, Meditation, die die Stille ermöglicht und Sie befähigt, die innere Führung und die geistigen Impulse wahrzunehmen.

Durch diese Erlebnisse und Erkenntnisse wird eigenständiges, heilsames, spirituelles und erfolgreiches Handeln, auch im Beruf, möglich.

Die lichtvolle geistige Welt kann dann Impulse für die richtige Richtung geben und Ihnen Ihre Fähigkeiten zum heutigen Zeitpunkt aufzeigen. Wie lange jemand aber braucht, um ein Ziel zu erreichen beziehungsweise um festzustellen, welches Ziel das ist, kann nur der Mensch selbst, bewusst oder unbewusst, entscheiden.

Wir sollten auch immer erkennen, dass hinter jeder Berufsausübung ein tiefer Sinn steht. Solange wir das Gefühl haben, dass wir dabei etwas lernen, so lange ist dieser Beruf auch aus der geistigen Sicht stimmig. Wenn wir darüber hinausgewachsen und in unserer Persönlichkeit reif für eine neue Verantwortung sind, kann diese uns dann begegnen, wenn wir es innerlich, auch unterbewusst, zulassen können.

Mit tiefem Gottvertrauen können wir für unsere Gegenwart mehr Sicherheit und Verständnis entwickeln sowie uns geduldig und zielstrebig an die Zukunft orientieren.

Mich plagen viele Ängste. Obwohl die Therapeuten sagen, ich habe keine körperliche Krankheit, mache ich mir ständig Sorgen über meine Gesundheit. Wie kann ich lernen, damit umzugehen?

Angst ist der Gegenpol der Liebe. Und bei tief sitzenden Ängsten ist Vertrauen in die göttliche Führung wichtig. Dafür ist die Achtsamkeit und Pflege der Gedanken sehr hilfreich, die die Umpolung der Gewohnheiten und Muster ins Vertrauensvolle ermöglichen. Angst vor drohender Krankheit ist letztendlich auch die Angst, nicht mehr zu existieren, also die Angst vor dem Sterben (siehe Seite 133 – Angst vor dem Tod).

Nehmen Sie sich so an, wie Sie sind, und werden Sie sich bewusst, dass Gott Sie liebt und Sie immer von den Engeln beschützt sind. Zünden Sie zur Stärkung Ihres Urvertrauens täglich eine Kerze mit einer Segnung an:

»Liebe lichtvolle geistige Welt, liebe Engel,
ich bitte um Segen für mich und meine Gesundheit.
Lehrt mich tiefes Vertrauen in die Schöpfung.
Amen.«

Ich bin hellsichtig, doch ich bin mir oft nicht sicher, ob das, was sich mir zeigt, immer einer lichtvollen Quelle entspricht?

Für alle sensiblen Menschen ist es sinnvoll, eine Methode zur Überprüfung ihrer Wahrnehmungen zu besitzen. Um sicher zu sein, ob Antworten, die Sie spüren, empfangen, hören oder anders wahrnehmen, echt sind oder nicht, hilft folgende Übung zur Selbstüberprüfung. Diese Übung ist nach meiner Erfahrung eine wesentliche Grundlage für alle Bewusstseinsübungen.

Bei Botschaften, die Sie mit einem liebevollen Herzen empfangen, können Sie durchaus sicher sein, dass Sie die empfangene Botschaft von der lichtvollen geistigen Welt oder von Ihrem höheren Selbst empfangen.

Es ist aber durchaus auch möglich, dass die Antworten auf die Fragen tatsächlich aus einer weniger lichtvollen Quelle stammen.

Der Sinn der folgenden Übung ist es also, dass Sie sich vergewissern können, ob Ihre Eingebungen, Impulse und Antworten, die Sie aus der lichtvollen geistigen Welt empfangen möchten, wirklich von dorther stammen.

- Setzen Sie sich entspannt hin und bringen Sie Ihren Atem zur Ruhe. Wenn Ihr Atem leicht und sanft fließt, wenn Ihr Herz ruhig schlägt und sich wohlig anfühlt, wenn Ihre Gedanken und Gefühle harmonisch sind, voller Zuversicht, Klarheit und Vertrauen, dann geben Körper, Seele und Geist Ihnen damit ein übereinstimmendes untrügliches Zeichen, dass Ihre Wahrnehmung aus einer lichtvollen Quelle stammt.

- Falls Ihr Atem allerdings unregelmäßig oder unnatürlich wird, wenn Sie an die Botschaft denken, falls Ihr Herzschlag nicht mehr harmonisch und gleichmäßig ist, falls Sie unruhig und angespannt werden, sind dies Anzeichen dafür, dass etwas für Sie, Ihre Individualität und Wahrheit nicht stimmt.

Im Zustand der vertrauensvollen Liebe befinden Sie sich immer auf dem lichtvollen Weg.

Wie kann ich bei Entscheidungsfragen sicher sein, dass ich die richtige treffe?

Treffen Sie alle Entscheidungen aus tiefstem Vertrauen und tiefster Überzeugung. Dabei kann Ihnen Ihre Intuition helfen, denn Ihr Überbewusstsein kennt die Lösung. Wenn Sie sich bewusst machen, dass alle Entscheidungen, die je auf dieser Erde gefällt wurden, alle Aufgaben, die jemals gelöst wurden, und alles Wissen des Kosmos in einem kosmischen »Zentralcomputer«, der sogenannten Akasha-Chronik gespeichert sind, wird es sicherlich für Sie hilfreich sein, sich darin einzuloggen. Dies geschieht mit der inneren Überzeugung und dem Bewusstsein der geistigen Anbindung.

- Setzen Sie sich hin, atmen Sie mehrmals tief durch, lassen Sie Ihre Gedanken zur Ruhe kommen und spüren Sie in Ihrer Brust den ruhigen Atem und eine tiefe Zufriedenheit.

- Dann sprechen Sie Ihre Entscheidung innerlich und nehmen wahr, ob Ihr positives Empfinden bleibt, ob Ihr Atem tief und leicht fließt. Dann war das eine absolut stimmige Entscheidung. Sollte Ihr Atem jedoch gehetzter werden und Ihr Herzenslächeln schwerer, sollten Sie diese Entscheidung nochmals überdenken.

Seit Jahren verfolgt mich eine Pechsträhne. Kann mich mein Schutzengel davor schützen?

Eine Pechsträhne hat immer mit mangelndem Vertrauen und somit Unsicherheiten in Bezug auf einen selbst, das Umfeld und die geistige Führung zu tun. Haben Sie Vertrauen in Ihre geistige Führung, definieren Sie Ihre Wünsche und machen Sie sich klar, dass Sie ein liebenswerter Mensch sind, der nie versagt hat und auch zukünftig nicht versagen wird. Aus dieser liebevollen inneren Einstellung kann sich Ihr Selbstbewusstsein stärken, und Sie können immer mehr Positives anziehen, und der Himmel kann unterstützend wirken. Alle unsere Wünsche können wahr werden, wenn sie in unserem Herzen existieren. Sagen Sie dreimal täglich:

»Ich bin schön, ich bin liebenswert,
ich habe nie versagt und ich bin es wert,
ein erfüllter und glücklicher Mensch zu sein
und ebenso ein erfülltes und glückliches Leben
im Außen zu führen.
Ich bitte um die Hilfe des Himmels,
mich dabei zu unterstützen.
Amen.«

Was kann ich tun, wenn ich meinen Schutzengel nicht sehen, aber seine Hilfe gerne annehmen möchte?

Auch wenn Sie Ihren Schutzengel (noch) nicht sehen können, ist er trotzdem immer vorhanden und bei Ihnen. Hierbei ist es wichtig, dass Sie sich Ihrer Liebe im

Herzen ganz bewusst werden und tief und frei atmen. Engel können uns nur über die Herzensebene sanfte Impulse geben. Sie können und dürfen nicht in unsere freien Entscheidungen eingreifen.

Ich empfehle folgendes Gebet:

»Gottes Liebe erfüllt meine Seele, ich glaube fest
an die Existenz meines Schutzengels.
Ich bitte dich, mir bei all meinen Taten beizustehen.
Auch wenn ich dich noch nicht wahrnehmen kann,
so habe ich doch tiefes Vertrauen.
Amen.«

Sie können dieses Gebet sprechen, so oft Sie wollen und so oft Sie es für die geistige Anbindung brauchen. Spüren Sie dabei immer einen tiefen Frieden im Herzen und zweifeln Sie niemals daran, dass der Schutzengel immer für Sie da ist und Sie bei allen Problemen hilfreich und tröstend unterstützt.

Haben Sie Mut, Ausdauer und Vertrauen.

In meinen Seminaren werde ich darin bestätigt, dass jeder Mensch in der Lage ist, eine Herzensverbindung zu seinem Schutzengel herzustellen. Üben Sie Geduld und stellen Sie keine Erwartungen, dann kann eine Begegnung entstehen.

Warum haben so viele Menschen Angst vor Leichtigkeit, und warum kann ihnen der Schutzengel nicht dabei helfen?

Die größte Angst hat der Mensch vor dem Tod. Die zweitgrößte Angst ist die Angst vor innerer Freiheit und dem Glücklichsein. Dies hängt mit den Impulsen aus dem Unterbewusstsein zusammen, die als Schutzmechanismus unsere Ängste schüren und uns suggerieren, dass wir in innerer Enge sicherer sind.

Der Schutzengel dagegen gibt uns ständig Impulse, nach denen wir frei und glücklich leben können und sollen. Doch wir müssen ihn von Herzen annehmen, sonst können wir ihn nicht wahrnehmen. Wenn wir ihn um Hilfe bitten, können wir diese auch erfahren. Im tiefen Vertrauen auf unsere Führung und in der innigen Annahme unserer selbst und unseres Schutzengels kann sich das Leben freier und leichter gestalten.

Im göttlichen Vertrauen und in Liebe ist alles möglich. Wahre Liebe kennt keine Begrenzungen und bringt unendliche Freiheit.

7 Gesundheit

Was ist für die Gesundheit wichtig, und was macht uns krank?

Für jeden Menschen spielt die Gesundheit während seines ganzen Lebens eine bedeutende Rolle. Sie sollte deshalb auch einen hohen Stellenwert erhalten. Doch oft beginnen die Menschen, sich erst um ihren gesundheitlichen Zustand zu kümmern, wenn eine Krankheit bereits vorhanden ist. Viele Menschen können von ihrer Krankheit viel über sich selbst lernen, andere wiederum setzen sich auch dann noch nicht mit ihrem Leben auseinander. Man kann Gesundheit und Heilsein nicht kaufen, die heilende Kraft, die einem ein Leben lang zur Verfügung steht und die man effektiv nutzen kann, ist in jedem Menschen vorhanden und von Gott gegeben. Wichtige Voraussetzungen für Vitalität und Gesundheit sind natürlich Bewegung, gesunde Ernährung und Meditation.

Es ist wichtig, die Kräfte des Körpers mit denen des Gefühls (Seele) und der Gedanken (Geist) zu verbinden. Der materielle Körper ist zwar vergänglich, doch solange er uns auf Erden dient, sollte er gesund sein. Die Gesunderhaltung des Körpers ist nur über die Durchlichtung der Zellen möglich, wenn Seele und Geist dies zulassen. Die Durchlichtung geschieht durch gute Gefühle, die die Kraft haben, den Körper zu heilen. Aus dem Vertrauen in unsere Gefühle lernen wir, Offenheit, Weisheit und Liebe zu empfinden.

Zugleich ist es wichtig, dass der Geist frei ist, das heißt uneingeschränktes Denken über den eigenen Horizont hinaus, denn aus dem inneren Wissen können wahrer Glaube und lichtvolle Handlungen entstehen.

Die Dreifaltigkeit von körperlichem Atem, liebevollem Fühlen und klarem Denken ist die Grundvoraussetzung für die innere Entwicklung und glückliches Handeln. Am Gesundheitszustand des Körpers können wir immer feststellen, ob wir in Liebe und Harmonie leben oder ob unsere Seele leidet und wir geistig festgefahren sind. Wenn man eine gute Selbstwahrnehmung hat und seinem Lebenssinn folgt, sind Körper, Geist und Seele im Gleichgewicht.

Wenn es Verantwortung und Entscheidungsfreiheit gibt, dann gibt es in gewisser Weise auch die Freiheit, Gesundheit oder Krankheit zu wählen. Ich will hier nicht die Behauptung aufstellen, dass es kein Schicksal gibt und dass jeder selbst für eine schwere Krankheit verantwortlich ist. Aber ich möchte auf die Macht der Selbstheilungskräfte aufmerksam machen, die in jedem Menschen existieren.

Nach all meinen persönlichen Erfahrungen, auch im Austausch mit den Patienten während meiner früheren Mitarbeit in einer Naturheilpraxis, mit meinen früheren Klienten und im Austausch mit den Teilnehmern in meinen Heilerlehrgängen und Seminaren, bin ich davon überzeugt, dass der Heilungsprozess eines Menschen zur Hälfte von der Verantwortung des Betroffenen abhängt. Davon, wie er die Hilfe annehmen und wie er vertrauensvoll Ja sagen kann. Bereits Jesus sagte: »Dein Glaube hat dich geheilt.« Der Weg führt immer wieder zum Urvertrauen und zur Selbstliebe zurück. Und wenn der Therapeut oder Heiler mit dem Betroffenen arbeitet, hängt der wirkliche Heilungsprozess auch von dem tiefen inneren Willen zur Heilwerdung, der eigenen Überzeugung und dem göttlichen Urvertrauen des Erkrankten ab.

Es gibt viele Möglichkeiten, die selbstverantwortliche Entscheidungskraft zu stärken. Folgende wichtige Fragen sollten geklärt werden:

Woran will ich glauben? Wie will ich mich sehen? Kann ich mich wirklich lieben? Was bewirkt mein Verhalten im Hinblick auf meine Krankheit? Der Weg in die Zukunft soll aus der gegenwärtigen Situation herausführen. Bei jeder Krankheit geht es darum, auch mit dem Erkennen der Ursache in der Vergangenheit, die eigenen Muster zu begreifen. Die Gesundheit liegt in unserer Hand – in der Erkenntnis, dem Erleben und der Umsetzung des Erkannten.

Auch über die Gesundheit entwickelt sich der Mensch zu seinem Lebenssinn, der Liebe, hin. So kann einen die Gesundheit dazu auffordern, sich im Leben an einer Weggabelung zu entscheiden, vorherrschende krank machende Gedanken zu verändern. Der Mensch muss lernen, mit seiner Verantwortung und Freiheit umzugehen. Wenn man sich nicht für seine Gesundheit entscheidet, ist dies auch eine Entscheidung. Dann bestimmen jedoch das Schicksal, der Lauf der Dinge und das Umfeld. Sich zu entscheiden bedeutet aber immer, aus den eigenen Ängsten und Blockaden herauszuwachsen und sich auf den Weg zur Liebe hin zu begeben. Mit welcher Krankheit man sich auch konfrontiert sieht, wichtig ist, sich für die lichtvolle geistige Welt zu öffnen, sodass das kosmische Licht alle Zellen durchfluten und frei fließen kann. Man lernt, in dieser Energie zu begreifen, wo man steht, was einen blockiert und wohin man wirklich will.

Wir haben heute Zugriff auf viele verschiedene Traditionen, Formen und Methoden der Heilung aus unterschiedlichen Kulturen. Jedoch: Ein Allheilmittel gab und gibt es auch natürlich jetzt nicht. Vielmehr besteht die Aufgabe, aber auch die Chance zur Heilung darin, aus dem eigenen Leben individuelle Ansätze und Wege zu finden.

Nur in der Begegnung mit sich selbst, mit dem wahren Selbst, entwickelt sich die Kraft des Urvertrauens. Und diese Kraft ist die notwendige Voraussetzung für eine echte und dauerhafte Heilung. Urvertrauen bedeutet, ohne Urteile und Vorurteile, ohne traditionelle einengende Sichtweisen oder begrenzende persönliche Muster zu leben. So leben wir in einer vollen Klarheit, die nicht durch das Auf und Ab oder gar ein Chaos von Gedanken und Gefühlen verschleiert wird. Erst dann können wir den Sinn im Leben, bei jedem einzelnen Schritt und Ereignis, erkennen. Nur dann spüren wir die ungetrübte Verbindung zu den lichten Kräften des Himmels. Damit entsteht eben das, was wir Urvertrauen nennen: die Gewissheit, dass wir als Licht vom Lichte immer des Heils und der Heilung würdig sind und uns die Kräfte des Himmels immer zufließen. In dieser inneren Haltung ist der Mensch offen für die Heilkräfte aus der höchsten Quelle. Mit wachsendem Urvertrauen können wir in Freude immer mehr Hindernisse und Belastungen loslassen und ein Heilsein erfahren.

Wenn wir kein Urvertrauen besitzen, wird dieses »Vakuum« irgendwie gefüllt, meist mit Angst. Ängste wiederum hindern uns, unsere Einheit mit dem göttlichen Licht zu erkennen und ganz aus dieser Kraft zu leben.

Im Laufe meiner inzwischen achtjährigen Erfahrungen in der Heilarbeit mit den Kräften der Engel und meinen Heilerlehrgängen erfahre ich immer wieder aufs Neue, dass die nachfolgenden Schritte zur Entwicklung von Urvertrauen und Heilungskräften sehr effizient sind.

Die sieben Schritte oder Themen sind sozusagen die Säulen für das Heilwerden beziehungsweise das geistige Heilen:

Säule 1: Intuition und Herzenssprache

Intuition ist das Tor, um lichtvolle Welten wahrzunehmen und Zugang zur eigenen inneren Wahrheit und Weisheit zu erlangen.

Existenzängste blockieren die Wahrnehmung der lichtvollen Welten, und damit ist auch der Zugang zu den Heilkräften der Engel schwierig. Existenzängste machen sich zum Beispiel bemerkbar, indem Sie nicht Ihrer Wahrheit folgen, sondern dem, was andere, Eltern, Lehrer, Priester usw. oder die Gesellschaft als richtig bezeichnen. Sie meinen dann, nicht überleben zu können, wenn Sie es nicht so machen, wie es die anderen vorgeben. Wenn Sie jedoch lernen, Ihrem Herzen zu vertrauen, überwinden Sie diese Existenzängste.

Säule 2: Bewusstseinsarbeit und aufrechtes Schauen ins Licht

Es geht das ganze Leben immer wieder darum, das eigene Bewusstsein zu erweitern, bisherige Grenzen zu überschreiten, neue Erfahrungen zu sammeln und eigene Wege und Formen der Anbindung an das Licht Gottes und an die Heilkräfte des Himmels zu finden. Dieser Ansatz ist gut geeignet, Ängste aufzulösen, die aus dem Gefühl der Einsamkeit entstehen.

Säule 3: Energiewahrnehmung und Feinstofflichkeit

Es ist wichtig, dass der Mensch bei seiner Gesundheitspflege und Heilung von geistigen und lichten Energien durchflutet wird. Wenn uns keine oder zu geringe lichte geistige Energien zufließen, dann neigen wir dazu, auf der körperlichen, seelischen und geistigen Ebene abzustumpfen oder zu verhärten.

Bei diesem Entwicklungsschritt geht es also darum, die Angst vor der Entwicklung, die Angst vor dem Neuen und Unbekannten loszulassen und abzulegen, indem wir uns für die lichten Energien öffnen.

Säule 4: Muster erkennen und über Begrenzungen hinausschauen

In einer harmonischen Persönlichkeit (die die Voraussetzung für ein harmonisches Leben ist) sind alle Energien, besonders die weiblichen und männlichen Kräfte und Aspekte, ausgewogen. Das Steckenbleiben in Aspekten der Persönlichkeit, die meist durch weibliche oder männliche Kräfte oder Vorbilder auf unausgewogene Weise geprägt werden, ist jedoch eine der Hauptursachen für einen Mangel an Harmonie der Persönlichkeit. Das führt oftmals zu Angst vor Abhängigkeiten beziehungsweise zu Ängsten, die sich aus Abhängigkeitssituationen entwickeln. Das geistige Licht können wir erst in seiner ganzen Fülle erkennen, wenn wir nicht mehr durch alte Muster daran gehindert werden. Dazu müssen wir diese aber erst einmal als solche erkennen. Ich zum Beispiel habe trotz meiner angeborenen Hellsichtigkeit zuerst nicht in die hohen lichtvollen Welten sehen können. Ich musste zuerst bestimmte Muster, über die ich mich definierte und die mich einschränkten, erkennen. Damals erkannte ich mental: »Nein, das bin ich nicht.« Erst durch diese Abgrenzung von etwas, was ich nicht war und bin, konnte ich mich für die lichtvollen geistigen Welten öffnen und über die damaligen Begrenzungen hinauswachsen.

Vertrauen zu uns selbst führt zu Vertrauen zu anderen. Beides zusammen ist ausschlaggebend für das Urvertrauen, das Vertrauen in Gott. Der Weg führt also erst einmal auf unserer Ebene sozusagen horizontal weiter, bevor man vertikal aufsteigt, dann aber mit Bewusstsein, ohne den Boden unter den Füßen zu verlieren.

Säule 5: Licht und Schatten ohne Bewertung wahrnehmen und leben

Solange Menschen die Welt nach »gut« und »böse« beurteilen, so lange wird es keinen Frieden geben. Die Kunst des Lebens besteht darin, die Dinge emotionslos zu betrachten und wahrzunehmen, wie sie sind, und zu lernen, darauf zu vertrauen, dass es hinter allem einen lichtvollen Sinn gibt.

Das bedeutet, dass man in einer solchen Haltung immer einen Weg oder Ausweg findet, wenn man selbst lichtvoll, aufrecht und aufrichtig lebt und handelt. Menschen haben nicht nur Angst vor dem »Bösen«, sondern auch vor dem »Guten«. Ich kenne Menschen, die sich weigern, ihren Schutzengel anzusehen oder auch nur wahrzunehmen, obwohl sie so sensibel sind, dass sie es direkt könnten. Warum? Weil sie dann sich selbst und ihr Weltbild hinterfragen müssten.

Säule 6: Handauflegen und energetische Befreiung

Gerade bei der energetischen Arbeit haben wir den Vorteil, dass wir immer etwas tun können, sogar am Sterbebett. Wir können die Energiearbeit über die Hände sowohl als vorbeugende Hilfe einsetzen als auch zur akuten Linderung. Sie ist für Klein und Groß anwendbar. Handauflegen ist eine Form der energetischen Befreiung, die die Angst vor der eigenen Hilflosigkeit auflösen kann.

Säule 7: Erkenntnis: Einssein mit Gott und Urvertrauen

Bei dem letzten Schritt geht es um die Einsicht, dass wir alles erhalten können, was für unser Leben notwendig ist, völlig unabhängig davon, ob bestimmte Menschen uns dies zukommen lassen oder nicht. Alle Liebe, so viel wir brauchen, können wir vom Universum erhalten, wir müssen es nur annehmen. Auf eine gewisse Weise hat unsere Kultur und Religion auch zur Angst vor Gott beigetragen, wenn Bilder eines strafenden Gottes gemalt wurden, wenn von Sünde und Erbsünde die Rede war, von ewiger Verdammnis und so fort. Damit entsteht zugleich, so paradox es scheint, auch die Angst vor dem Positiven, vor dem Guten, vor der Gnade und Barmherzigkeit Gottes. Denn das Unterbewusstsein assoziiert Gott ja zunächst einmal mit Strafe und Sühne.

Wir müssen, um diese Ängste aufzulösen, nur begreifen, dass Gott (und seine Boten, die Engel) uns nie beurteilen, sondern immer und ausschließlich bedingungslos lieben. Schließen wir Frieden mit Gott und erkennen seine Liebe, dann haben wir die Fülle des Urvertrauens gewonnen und in unserem Leben fest verankert.

Vollziehen wir liebevolle und befreiende Schritte mit dem Herzen (und nicht nur mit dem Intellekt), so stehen uns die Heilkraft, die unendliche Weisheit und das Wissen des ganzen Kosmos heute viel mehr zur Verfügung als je zuvor. Heute können wir Begrenzungen loslassen, die geistige Welt erwartet dies, die Engel stehen uns unterstützend zur Seite.

Ich möchte Sie ermuntern, sich vertrauensvoll auf die lichtvollen Welten einzulassen, und wünsche Ihnen von ganzem Herzen Vertrauen und Hoffnung auf Ihrem Lebensweg.

Warum haben manche Menschen viele Krankheiten? Kann dahinter eine seelische Ursache stecken?

Viele Krankheiten können, bewusst wie auch unbewusst, mit seelischen Hintergründen zusammenhängen. Gesundheit hat mit der körperlichen Durchlichtung zu tun, die die Menschen oft, meist unbewusst durch Stress, Sorgen, Blockaden aus unerlösten Schockerlebnissen, vernachlässigen. Jedes Organ, jede einzelne Zelle will vom göttlichen Licht durchdrungen sein. Die Grundvoraussetzung dafür ist, seine kosmische Anbindung stets aufrechtzuerhalten. Dies geschieht durch innerliches Aufgerichtetsein, harmonische Gedanken und liebevolle Gefühle. Durch Vertrauen in Gott und in die Hilfe der Engel laden wir diese ein, uns hilfreich zu unterstützen.

Unterstützt mich mein Schutzengel bei körperlichen Erkrankungen?

Jede körperliche Erkrankung hat eine Stauung im Energiefluss, jeder Schmerz ist auch ein Schrei der Seele. Die Zellkommunikation geschieht mittels Licht (Photonen). Also ist es sehr wichtig, wieder göttliches Licht in die erkrankten Bereiche zu leiten.

Dies erfordert viel Vertrauen und Glauben an die eigenen Selbstheilungskräfte, aber aus dieser Erkenntnis kann die Heilung stattfinden, nach dem Motto »Dein Glaube hat dich geheilt«. Auch dabei kann die Unterstützung der lichtvollen geistigen Welt und vor allem des Schutzengels eine große Hilfe sein.

Aus der lichtvollen geistigen Engelwelt kann man zusätzlich auch die Heilengel oder Heilkraftengel, die ich auf Seite 70 beschrieben habe, zur Unterstützung bei der Heilung bitten.

Von den Erzengeln ist Raphael, auch der »Heiler Gottes« genannt, zuständig. Er ist, wenn man sich innerlich, in der tiefen Überzeugung, gesund sein zu wollen, mit ihm verbindet, wie die gesamte lichtvolle Welt jederzeit bereit, mit seiner Energie heilend in den Prozess einzugreifen.

Was ist das »innere Kind«, das Heilung braucht, und warum will es den Menschen »kleinhalten«?

Das »innere Kind« sind die Verletzungen auf der Gefühlsebene, die als Verhaltensmuster zum Schutz der Seele im Unterbewusstsein abgespeichert werden und aufschreien, wenn sie im Tagesgeschehen als dieses Muster wiedererkannt werden und dem gleichen Schmerz aus dem Weg gehen wollen.

Hauptsächlich entstehen diese unterbewussten Muster durch negative Prägungen im bisherigen Leben, ganz besonders in den ersten Lebensjahren. Das Unterbewusstsein versucht, uns auch in späteren Jahren mit diesen frühkindlichen Mustern zu schützen, es wird quasi nie erwachsen, deshalb die Bezeichnung »inneres Kind«.

Heilung des inneren Kindes sollte durch geistige Erkenntnisse und vor allem durch Zunahme des Urvertrauens erfolgen.

8 Familie, Partnerschaft und Kinder

Was ist der Unterschied zwischen Liebe und Verliebtheit, und warum ist eine dauerhafte harmonische Beziehung zwischen zwei Menschen oft schwierig?

Liebe entsteht aus dem tiefen individuellen Erleben heraus. Verliebtheit hat in Wirklichkeit nur wenig mit Liebe zu tun, weil sie aus einer Resonanz entsteht. Ein Mensch verliebt sich beispielsweise in einen anderen wegen seiner Haltung, seiner Ausstrahlung, seines Lächelns.

Aber warum fühlt er sich gerade zu diesem Menschen hingezogen? Hierbei spielt die sexuelle Anziehung über das Resonanzprinzip eine wesentliche Rolle. Was uns am anderen fasziniert, ist so oder ähnlich auch, wenn auch versteckt, in uns selbst angelegt.

Diese erste Verliebtheitsphase schwächt sich jedoch bald ab. Manchmal früher, manchmal später. Oft lehnen wir sogar nach einiger Zeit die Eigenschaften, die uns anfänglich am anderen fasziniert haben, gänzlich ab, weil wir darin, wie in einem Spiegel, unbewusst unsere eigenen Blockaden erkennen, die wir bei uns selbst ablehnen.

Ist die Verliebtheitsphase, hervorgegangen aus der individuellen Resonanz und einer Abfolge von Hormonausschüttungen, vorüber, entwickelt sich ein anderes Verhältnis zwischen den Partnern. Hier sollten ein tiefes Vertrauen und eine tiefe Liebe entstehen. Dazu ist die Selbstliebe beider Partner ausgesprochen wichtig.

Liebe ermöglicht es, sich auf einer zwischenmenschlichen Ebene tief zu begegnen, weil man den anderen in seinem Sosein akzeptieren, respektieren und somit auch lieben kann. Selbstliebe ist dabei eine ganz entscheidende Voraussetzung. Liebe heißt nämlich auch, sich selbst gütig anzuschauen und sich so sein zu lassen, wie man ist.

Die Phase der Verliebtheit ist vergänglich, meist nach kurzer Zeit, in der Regel spätestens nach vier Jahren.

Wir werden jedoch immer wieder aufs Neue Partner mit den gleichen Mustern und inneren Verletzungen, wie sie auch in uns angelegt sind, anziehen (Resonanzprinzip). Deswegen wird bei einer erneuten Partnerwahl in den wenigsten Fällen der Wiederholungszyklus durchbrochen. Solange es uns nicht gelingt, uns aus den eigenen inneren Zwängen und Bedürftigkeiten zu erlösen, kann sich im Außen nicht viel verändern, da die Resonanz uns in Wiederholungen verstrickt.

Das heißt, dass wir im Prinzip alle den Partner an unserer Seite haben, mit dem wir uns weiterentwickeln können. Wir können also die Aufgabe und auch die Chance wahrnehmen, in einem liebevollen Austausch miteinander zu leben und unsere Resonanz auf die verletzten Muster und falschen Erwartungshaltungen an uns selbst und an unseren Partner loszulassen.

Jeder möge aus seinem Urvertrauen und seiner geistigen Anbindung die Verantwortung für sein Glück und seine Anerkennung und Liebe übernehmen, dann wird auch die Seele des Partners in dieser Harmonie erstrahlen. Somit und mit dem Zulassen geistiger Unterstützung kann aus allem eine große und wunderbare Liebe entstehen.

Wie kann ich in meiner Partnerschaft Konflikte am besten angehen?

Liebe ist freilassend, niemand gehört einem anderen. Sie sind Sie, ein Individuum, genauso wie Ihr Partner und wie alle Ihre Mitmenschen.

Um Konflikte auszutragen, muss man zuallererst Verantwortung für sich und sein Handeln übernehmen. Das bedeutet nichts anderes, als zunächst einmal zu sich selbst zu stehen, seine Bedürfnisse klar zu formulieren und nicht zu erwarten, der Partner möge sie einem von den Augen ablesen oder müsste sie doch kennen. Wenn Sie nicht wissen, was Sie wollen, wird Ihnen weder der Partner noch der liebe Gott helfen können, die Konflikte einer Lösung zuzuführen. Das Göttliche ist in Ihnen, und die Kraft zu handeln ist in Ihnen.

Niemand ist perfekt, und dies gilt eben auch in der Partnerschaft. Ein Partner kann auch einmal schlecht gestimmt sein und Abstand vom anderen benötigen. Statt sein zurückgezogenes Verhalten auf sich zu beziehen und ihm gar Vorwürfe zu machen, ist es wesentlich sinnvoller, ihn in liebevoller Haltung zu unterstützen und ihm Verständnis entgegenzubringen.

Wenn Sie allerdings in der Beziehung immer mehr Krampf und Stagnation erleben und bemerken, dass man in gegenseitiger Liebe nichts mehr bewirken kann, es so gut wie keine gemeinsamen Vorstellungen und Ideale mehr gibt, kann dies auch das Ende der Paarbeziehung anzeigen.

Sie können, wenn alle Bemühungen ausgeschöpft sind, auch liebevoll Nein zum Fortbestand dieser Form der Beziehung sagen und mit geistiger Unterstützung nach einer für beide Seiten passenden Veränderung suchen. Hierbei ist die beiderseitige Selbstliebe unterstützend, sogar notwendig, um eine nicht mehr stimmige Beziehung zu verändern, unter Umständen auch zu beenden. Dies sollte dann harmonisch und liebevoll geschehen, damit beide Partner sich unabhängig voneinander lichtvoll weiterentwickeln können.

Damit in jeder Beziehung Liebe und Respekt entstehen, ist eine tiefe Weisheit wichtig. Dabei können wir von den Engeln viel lernen. Denn die Engel sind frei von Resonanz und Erwartungshaltungen.

Wichtig ist immer, dass man den Partner in seinem Sosein, generell als licht- und liebevolles Wesen betrachtet, auch wenn vielleicht seine Angst und seine inneren Blockaden ihn daran hindern, dies im Außen zu zeigen.

Hier als Beispiel eine an mich gestellte Frage zu diesem Thema.

Schon seit Jahren trage ich mich unterschwellig mit Trennungsgedanken. Mein Partner ist einerseits den Kindern ein guter Vater, andererseits vernachlässigt er meiner Meinung nach seine Bedürfnisse und hat eine Lebensvorstellung, mit der ich mich in der Auseinandersetzung schwertue. Ich bin mir bezüglich einer Trennung nicht sicher, auch weiß ich nicht, wie unsere Kinder damit zurechtkämen. Können Sie mir einen Rat geben?

Wenn die Trennung eine unausweichliche und sinnvolle Lösung wäre, dann würden Sie sie nicht mehr hinterfragen. Meist sind es jedoch unsere eigenen, oft in der Kindheit entstandenen Verletzungen, die eine solche Irritation hervorrufen und eine gute und liebevolle Partnerschaft verhindern. Der Partner hält uns den Spiegel vor, das heißt, wir lehnen in ihm die Eigenschaften ab, die wir unbewusst in uns ablehnen. Um eine glückliche Partnerschaft zu leben, ist es wichtig, dass wir unsere eigenen inneren Verletzungen heilen, um mehr Liebe in uns zuzulassen. Dann können wir den Partner so akzeptieren und lieben, wie er ist.

Segnen Sie sich und Ihren Partner, damit Sie beide mehr Liebevolles voneinander lernen, ganz gleich wohin die Reise Sie führt.

Bitten Sie die Engel um Hilfe und Führung. Bitten Sie aus liebevollem Herzen und mit liebevollen Gedanken um eine Lösung, die für alle Beteiligten stimmig ist. Halten Sie diesen Gedanken in Ihrem Herzen, dann wird sich eine lichtvolle Lösung einstellen.

Wie kann ich spirituell und mit geistiger Hilfe die Harmonie in meiner Familie fördern?

Liebe macht ein glückliches Zusammenleben möglich, die geistige Hilfe festigt es. Durch unser authentisches Sein und Verhalten können wir alle Familienmitglieder in ihrem Wesenskern erreichen, denn dann leben wir Vertrauen und Liebe vor. Durch das Beobachten können andere es von uns übernehmen, weil wir freilassend sind und sie nicht missionieren.

Leben wir unseren inneren Ruf des Lebenssinns und lassen wir den anderen die Freiheit, es auch zu tun.

Erlösen wir unsere Blockierungen und Hindernisse im Inneren, so können sich diese auch in den mit uns schwingenden Menschen lösen.

Spüren und leben wir täglich unsere Stärken mit der Hilfe Gottes und der lichtvollen geistigen Welt. So erhalten wir durch dieses Urvertrauen unendliche Kraft für alles.

Was bedeuten die neuen Aurafarben und die Begriffe Indigo- und Kristallkinder?

Der Mensch besitzt normalerweise eine Aura, in der alle Spektralfarben wie in einem Regenbogen, für einen Hellsichtigen sichtbar, enthalten sind.

Mit zunehmendem Eintritt in das neue Zeitalter werden immer mehr Menschen geboren, deren Aura von dieser »Norm« abweicht. Dies begann bereits vor circa 150 Jahren. Ursächlich handelt es sich bei diesen Veränderungen um mitgebrachte Fähigkeiten und um das Wissen der neuen Zeit.

Die Farbe **Indigo**, eine Art Blauviolett, kann sich, grob eingeteilt, in der Aura auf drei verschiedene Arten zeigen. Es handelt sich um einen indigofarbenen Kreis um den Menschen entweder ganz nah am Körper, also in der Innenaura, oder in der Mitte der Aura oder am Rand der Aura, das heißt in der Außenaura. Dies bringt unterschiedliche Bedeutungen und Eigenschaften mit sich.

Wenn der Indigokreis sich nah am Körper zeigt, bedeutet das, dass dieser Mensch starke Sensibilität besitzt und diese auch beruflich nutzen kann und sollte.

Zeigt sich der Indigokreis in der Mitte der Aura, hat dieser Mensch die Wahl, ob er seine vorhandene Sensibilität in einem eher materiell geprägten Beruf oder eher feingeistig ausleben möchte.

Bei einem Indigokreis in der Außenaura besitzt der Mensch eher das Bedürfnis nach Veränderung und Rebellion.

In allen drei Fällen werden die mitgebrachten Fähigkeiten und das Wissen der neuen Zeit eingesetzt.

Die Farbe **Kristallblau**, in etwa ein helles Aquamarin, zeigt sich in der Aura der Menschen als ein Zeichen dafür, dass sie noch eine Stufe sensibler sind als jene mit der Indigoaura. Die Aura der »Kristallkinder« strahlt ausschließlich in Kristallblau. Bei diesen Menschen überwiegt immer der Bezug zum Feingeistigen.

Die Kraft ihrer Kristallaura wirkt sich auch deutlich auf den Körper aus, zum Beispiel können bei ihnen die pharmazeutischen wie auch die naturheilkundlichen Medikamente anders als erwartet wirken. Das bedeutet, die Medikamente wirken nur unterstützend, wenn sie perfekt und eher niedrig dosiert werden.

Die Lernfähigkeit ist bei Indigo- wie auch bei Kristallmenschen anders ausgeprägt, das heißt, die Pädagogen müssen zu ihnen einen anderen, eher künstlerischen, sinnerfüllten und persönlichen Zugang finden.

Da die Evolution nach dem göttlichen Plan weiter voranschreitet, werden weitere Veränderungen in der Aura der Menschen stattfinden. Ich sehe des Öfteren bereits Rosé und äußerst selten Lichtgrün, was ebenfalls mit Fähigkeiten der neuen Zeit zu tun hat.

Mein Kind ist hyperaktiv und hat dadurch Schwierigkeiten in der Schule. Eine Mutter sagte mir, es könnte sich um ein Indigokind handeln. Was bedeutet das genau?

Indigomenschen haben, wie beschrieben, ein verschiedenartig ausgeprägtes Indigoblau in der Aura. Diese Energie steht für Persönlichkeitsstärken, erhöhte Sensibilität und verstärkte geistige Fähigkeiten. Diese Menschen brauchen eine gezielte erzieherische und pädagogische Förderung für den Ausbau ihrer Fähigkeiten. Mit Hyperaktivität hat eine solche Aura jedoch nichts zu tun. Ich empfehle hier eher eine medizinische oder psychologische Abklärung.

Wie können wir Kinder mithilfe der lichtvollen geistigen Welt und des Schutzengels unterstützen?

Im Umgang mit Kindern ist liebevolles Feingefühl nötig, um ihre Leichtigkeit zu unterstützen und zu erhalten.

Für Kinder ist es sehr wichtig, um die höhere helfende Instanz eines liebevollen Gottes und das Wirken der Schutzengel zu wissen. Dieses Wissen hilft ihnen bei ihren Sorgen und Ängsten und gibt Sicherheit und Vertrauen. Können Kinder kleine Gebete sprechen und Gefühle zulassen, sind sie selbstsicherer und offener.

Durch gemeinsames Singen, Spielen, Lernen und Malen kann nicht nur der Bezug zum höheren Licht und zu spirituellen Werten gestärkt werden, sondern auch das Vertrauen in die eigene Familie und in die Menschen. Dabei ist es wichtig, sich vom Herzen leiten zu lassen, denn diese kreative Gefühlswelt ist den Kindern nah und leicht zugänglich.

Wenn man Kindern diesbezüglich zu viele Fragen stellt und/oder ihnen alles erklären will, kann sie das aber schnell überfordern. Daher sollte man die Kleinen besser von sich aus fragen lassen und ihnen Raum für sich geben. Da in der Natur die Kräfte der Lichtwesen besser spürbar sind, sollten Eltern ihren Kindern auch Naturverbundenheit nahebringen, sich mit ihnen möglichst regelmäßig in der Natur aufhalten.

Die Kinder bekommen einen besonders guten Zugang zu den geistigen Welten, wenn man ihnen auf natürliche Art und Weise innere Qualitäten und Werte vermittelt wie Mitmenschlichkeit, Verständnis, Friede, Hoffnung und Liebe.

Eltern können ihre Kinder morgens und abends durch Segnungen mit guten Gedanken, Gefühlen und Gebeten unterstützen, indem sie etwa gemeinsame Gutenachtgebete oder Gebete vor dem Essen sprechen.

Die Abläufe in der Natur im Rahmen religiöser Jahresfeste zu feiern ist ebenfalls eine gute Möglichkeit, dass die Kinder den Kontakt mit ihrem göttlichen Ursprung nicht verlieren.

Aber vor allem wenn Trauerphasen eintreten, brauchen Kinder einen leicht nachvollziehbaren und sinnerfüllten Bezug zu den lichtvollen geistigen Welten.

Eltern sollten ein sicheres und liebevolles Vorbild für ihre Kinder sein und ihnen Liebe und Sicherheit geben. Dabei ist es relativ unerheblich, welches Gottesbild sie haben. Viel wichtiger ist, was man selbst vorlebt, wie ehrlich, souverän, zuversichtlich, dankbar, liebevoll, verständnisvoll und authentisch man ist.

Können Kinder ihren Schutzengel sehen?

Meistens können Kinder bis ungefähr zum achten Lebensjahr die Engel sehen. Denn bis zum vollständigen Erwachen des Intellekts und des Geistes sind sie in ihrem Seelenlicht immer noch im Prozess der Inkarnation.

So sind ihr Herzchakra und das Dritte-Auge-Chakra noch teilweise offen und nicht vom Intellekt verschlossen. Dieser Zustand setzt natürlich eine liebevolle und friedvolle Kindheit ohne traumatische Erlebnisse voraus. Da die Kinder die Welt in diesem Alter eher ohne Beurteilung wahrnehmen, sondern überwiegend das Leben einfach aufnehmen, nehmen sie die Engel meist unbewusst wahr und können uns deshalb diesbezüglich selten und wenig darüber mitteilen. Nur in vereinzelten Fällen können Kinder auch aus den geistigen Welten erzählen.

Mit dem vollständigen Erwachen des Intellekts werden die Kinder grobstofflicher, und die Materie dominiert die Aufmerksamkeit. Somit treten die geistigen

Wahrnehmungen etwas in den Hintergrund, damit das Kind sich in diesem neuen Leben im Hier und Jetzt besser zurechtfinden kann. Im Laufe des Lebens und der Stabilität seiner Persönlichkeit können die Wahrnehmungen wiederkehren beziehungsweise später wieder erweckt werden.

Kann ich mein Kind in seinem Schutzengelkontakt unterstützen?

Die Eltern sollten auf gar keinen Fall die geistigen Wahrnehmungen bei einem Kind provozieren!

So, wie das Kind mit diesen Kräften umgeht, macht es das richtig. Denn die Balance zwischen Fein- und Grobstofflichkeit spürt es am besten.

Wenn Kinder etwas Geistiges äußern, sollten wir zuhören und nicht belehren. Wenn Kinder über diese Welten nicht sprechen wollen, sollten wir sie in Ruhe lassen. Sonst schwächen wir ihre Erdung und somit die Entwicklung ihrer Selbstständigkeit und Persönlichkeit. Kinder suchen in ihren Eltern Vorbilder. Sie nehmen sich von dem, was die Eltern ihnen vorleben, das heraus, was stimmig für sie ist, und in der Dosierung, in der sie es wirklich brauchen. Die Absicht der Spiritualität, nämlich Herzlichkeit und All-Liebe, lernen sie am besten, wenn wir mit Hoffnung und in Liebe und Freude beten, singen und beisammen sind.

Kinder müssen erst einmal Grenzen austesten, um sich wahrzunehmen, bevor sie später zum Ursprung auf ihrem individuellen Weg in das Feingeistige zurückfinden.

Wie kann ich mein Kind sinnvoll begleiten?

Es ist wichtig, das Kind in Liebe auf seinem Weg zu begleiten, aber auch rechtzeitig loszulassen, damit das Kind die Erfahrungen machen kann, die zumutbar sind und zum Leben dazugehören.

Kinder sind eigenständige Wesen; sie werden in eine Familie hineingeboren, damit sie von ihr ins Leben begleitet werden können.

Wahre Liebe zum Kind ist Fürsorge, aber eine Fürsorge, die die kindliche Persönlichkeit sich frei entfalten lässt.

Der eigene Glaube an das Gute und das Schöne im Leben sollte immer im Vordergrund stehen. Der Mensch lernt das Menschsein vom Menschen. Deshalb schauen die Kinder von den Erwachsenen das Verhalten wie auch die Lebenseinstellung ab.

In Liebe können keine Fehler entstehen. Fehler werden erst dann gemacht, wenn die Menschen aus ihren Handlungen nichts lernen. Den Kindern zuzuhören, sie bewusst und aufmerksam wahrzunehmen und zu unterstützen hilft allen. Es kommt auf ein liebevolles Verhalten, gelebte Dankbarkeit und eine harmonische Atmosphäre im Alltag an.

Es ist auch nicht sinnvoll, Kindern außer Gebeten andere religiöse oder spirituelle Zeremonien und Rituale beizubringen. Freilassen lautet die Devise.

Liebe hat immer auch mit Freiheit zu tun, denn nur so können wir wahre Verantwortung tragen. Eine Verantwortung, die die Engel und das Göttliche am Geschehen und an Lösungsfindungen mitwirken lässt.

Mit Weisheit, Verständnis und Urvertrauen ins Göttliche werden wir es schaffen, immer den richtigen Weg bei der Begleitung unserer Kinder zu finden.

Gibt es Entwicklungsschwerpunkte im Lebensverlauf?

Jeder Lebensabschnitt hat seinen eigenen Entwicklungsschwerpunkt bei der Verwirklichung des Lebens und des Lebenssinns. Eine grobe Orientierung bietet die Einteilung nach den Lebensjahrsiebten, wie sie von Rudolf Steiner beschrieben wurde.

Wenn Sie sich bewusst machen, dass bestimmte Lebensphasen mit speziellen Lebensthemen zu tun haben, werden Sie auch besser nachvollziehen können, dass mögliche Ursachen für Disharmonien, psychosomatische Belastungen oder körperliche Beschwerden mit Ihrer Entwicklung zusammenhängen können. Hier eine kurze Übersicht über die Lebensabschnitte und ihre typische Thematik anhand der Lebensjahrsiebte.

0 bis 7 Jahre: Die ersten Jahre eines Menschen dienen der Stärkung und Stabilisierung der Seele, des Geistes und des Körpers. Je älter das Kind wird, umso mehr entwickelt es sich aus dem Seelenzustand eines Kleinkindes heraus. Die Kinder in diesem Alter benötigen grenzenlose Liebe und Sicherheit in ihren Beziehungen und in der Erziehung.

7 bis 14 Jahre: In diesen Jahren erwachen der Geist und der Intellekt. In dieser Zeit gehen die Kinder immer mehr in die eigene Gestaltung des Lebens hinein. Gleichzeitig formt sich der eigene Charakter immer weiter.

14 bis 21 Jahre: In dieser Entwicklungsstufe steht das Erwachen der eigenen Persönlichkeit und Abgrenzung im Vordergrund. Je älter der Mensch wird, umso mehr reift seine Persönlichkeit heran. In dieser Zeit sind persönliche Erfahrungen und die Bildung der eigenen Meinung sehr wichtig. Die Entwicklung der inneren Charakterstärken, die in dieser Zeit verpasst wurde, ist kaum mehr aufzuholen. Die innere Entwicklung kann beispielsweise durch emotionale oder körperliche Misshandlung, Vernachlässigung, Drogenkonsum jeglicher Art Schaden nehmen, aber auch, wenn der junge Mensch übertrieben verwöhnt wird.

21 bis 28 Jahre: Der junge Erwachsene begreift die Welt immer mehr durch das »Ich bin«-Bewusstsein. Die Individualität verstärkt sich und bewegt sich in die Erwachsenenentwicklung durch die Bildung und Verfestigung der eigenen Einstellung. Persönliche Umstände werden geschaffen, wie etwa die Familienbildung und die Wahl des Berufs.

28 bis 35 Jahre: Der Mensch beginnt, das Leben nach dem persönlichen Lebensplan und Lebenssinn aufzubauen. Der Mensch hat sich wiederzuerkennen und zu unterscheiden, was seine gesellschaftliche und familiäre Prägung und was sein persönlicher Anteil und sein freier Wille dabei ist. In dieser Zeit sollte sich ein persönlicher Weg mit eigenen Überzeugungen entwickeln.

35 bis 42 Jahre: In dieser Zeit stabilisiert sich die eigene Persönlichkeit. In diesem Abschnitt geht es darum, auf die vorangegangenen Jahre zurückzublicken und neue Pläne zu entwickeln. Denn in dieser Identitätsphase will die Persönlichkeit immer mehr an Sicherheit und Stabilität gewinnen. Findet der Mensch diese Sicherheit in sich nicht, können private oder berufliche Krisen entstehen.

42 bis 49 Jahre: Im Vordergrund stehen nun Wege und Möglichkeiten, um zur tatkräftigen Selbstverwirklichung zu finden. Die Verstärkung der Intuition wird immer wichtiger, um erkennen zu können, was der eigene Lebenssinn ist. In diesem Lebensabschnitt werden berufliche und private Entscheidungen oft noch mal hinterfragt, um sich glücklich weiterentwickeln zu können.

49 bis 56 Jahre: Jetzt werden Weisheit und innere Ruhe entwickelt. Es geht notwendigerweise um die innere Erleuchtung und Erschaffung der Zukunft aus den vorangegangenen Erfahrungen. Die Weisheit muss sich auf dem Weg zur Erfüllung des Lebenssinns entwickeln. In dieser Zeit will die Seele in sich, im inneren Zuhause, ankommen und sich rundherum wohlfühlen. Tut sie es nicht, können körperliche Beschwerden auftauchen, die auch seelisch auszugleichen sind.

56 bis 63 Jahre: Das eigene Leben wird in Selbstannahme angepackt. Es wird ein neues authentisches Selbst erschaffen, für das das Individuum wirklich inkarniert ist. In diesem Alter will die Seele oft eine neue Herausforderung bekommen, um sich durch die vollzogene innere Reife anders wahrnehmen zu können.

63 bis 70 Jahre: Beim älteren Menschen sind die Aufgaben Demut und das Weitergeben von Lebenserfahrung zentral. Der Mensch hat in Demut und Liebe eine Fülle von Erfahrungen gesammelt; deshalb kann er verstärkt Licht auf diese Erde bringen. In persönlichen Begegnungen haben diese Menschen die Aufgabe, Weisheit weiterzugeben.

70 bis 77 Jahre: Diese Zeit steht für Lebensrückblick und Ordnung mit dem Ungelösten. Hier geht es schon um den Lebensrückblick und inneren Abschluss als eine Art Versöhnung mit diesem Leben und Vorbereitung auf die weitere Lebensreise. Innere Ruhe und Meditation sowie philosophische Lebensweisheit sind für das innere Licht sehr wichtig.

77 bis 84 Jahre: Der Mensch nimmt nun immer mehr eine engelsgleiche Sicht des Lebens an und schreibt die schönsten Lebensgeschichten. Es geht darum, immer mehr nach innen zu gehen und in einer neuen Weisheit zu leben. Jeder sollte in der Lage sein, das Leben aus der Weisheit Gottes zu betrachten. Stille und Kreativität können in dieser Zeit große Helfer sein.

84 bis 91 Jahre: Das Leben wird aus dem inneren Frieden genossen. Jeder Mensch sollte, wenn er nach dem göttlichen Plan geht, das innere Wissen und den inneren Frieden erreichen. Der Kern dieser Phase ist es, in allen Begegnungen noch mehr und selbstverständlicher das göttliche Licht zu erkennen.

91 bis 98 Jahre: In dieser Zeit steht die Erleuchtung als Weg ins Licht an. Der Mensch bringt in diesem Zustand des Loslassens sehr viel Hoffnung und wahre Liebe auf diese Erde und zu den Menschen. Im Vordergrund steht jetzt, aus dem Zustand des »Ich bin« hinauszugehen und sich mit den lichten Welten vollständig verbinden zu können. Die emotional erlösten Erfahrungen des Menschen, die er vorlebt, bringen durch seine Ausstrahlung neues Licht und Hoffnung auf diese Erde.

Alle weiteren Lebensjahre können als Vorbereitung auf die zukünftigen Inkarnationen oder auf das Aufsteigen in die Himmelssphären betrachtet werden.

Natürlich entwickeln sich die Menschen unterschiedlich schnell, denn jeder begreift seine eigenen Möglichkeiten und bestimmt den Weg auf seine Weise und in eigener Geschwindigkeit. Die obige Darstellungsform dient lediglich der Orientierung aus dem höheren Plan und der göttlichen Absicht für die Menschen.

Oftmals spielen für den Menschen alle Eigenschaften gleichzeitig eine Rolle. Im entsprechenden Alter sollten jedoch die Schwerpunkte der Entwicklung beachtet werden.

Im Laufe der menschlichen Entwicklung wächst auch die Persönlichkeit, deshalb verändern sich auch die natürlichen Bedürfnisse des Menschen.

Was bedeutet »Beziehung geht vor Erziehung«?

Das Wesentliche sind immer die zwischenmenschlichen Werte. Es geht nicht um einen bestimmten Glauben, nicht um ein bestimmtes Gottesbild, nicht um eine bestimmte Erziehungsform, es geht ganz allein um Liebe und Mitmenschlichkeit.

Gerade im Umgang mit Kindern muss die gegenseitige Beziehung vor der Erziehung stehen. Darauf baut alles auf. Da jedes Kind bekanntlich anders ist, sind herkömmliche Erziehungsmuster oft zu eindimensional. Kinder brauchen vor allem Verständnis und wollen von ihren Eltern als unverwechselbare kleine Menschen wahrgenommen werden. Erst auf dieser Basis kann Erziehung in eine stimmige Richtung führen, ohne dass die Kreativität des Herzens dabei verloren gehen muss.

9 Liebe und Selbstliebe

Warum ist es in der neuen Zeit besonders wichtig, das Herz zu öffnen?

Im neuen Zeitalter wird alles feinstofflicher. Dadurch kommen sich Himmel und Erde näher. Deshalb erleben heute die Engel eine Renaissance, weil immer mehr Menschen sie aufgrund ihrer zunehmenden Sensibilität wahrnehmen und sehen können. Diese Veränderungen sind zum Teil sogar physikalisch erkennbar. So hat sich der Magnetismus des Pols abgeschwächt, die Schumann-Wellen haben sich verändert, und die Sonnenflecken nehmen zu. Die neue, sensiblere, weibliche Zeit bedeutet also, die Rationalität der Gedanken, die Tatkraft der Handlungen mit einem stimmigen liebevollen Herzen zu verbinden. Der Weg in die Harmonie von Geist, Seele und Körper gelingt nur über die inneren Eigenschaften und Handlungen der Selbstliebe. Es wird in der neuen Zeit zunehmend wichtiger, sich der Selbstliebe und geistigen Anbindung bewusst zu werden. Wenn der Mensch erkennt, dass der Weg zu seinem Inneren über die liebevolle Resonanz zu sich selbst führt, wird er sich diese auch erlauben können.

Die Lebensqualität im Außen kann sich nur über die liebevolle Lebensqualität im Innen stets zum Positiven hin entwickeln, denn jeder innere Konflikt findet im

Äußeren eine Widerspiegelung. Stellen Sie sich einfach vor, wie Sie die »Tore« des emotionalen Herzens in Ihrer Brust nach innen öffnen, und erleben Sie das Licht, die Wärme und die wunderbare Liebe Gottes in Ihrem Herzen. Wenn Sie diesen Zustand immer wieder aufleben und wachsen lassen, haben Sie die Lernaufgabe des Goldenen Zeitalters verinnerlicht.

Sie sind dann in Ihrer Harmonie, und Ihre Liebe kann zu allen Seiten hin wachsen, und Sie strahlen durch Ihr inneres Glück Licht über die Erde!

Was bedeutet »Liebe ist Loslassen«?

Unser aller Lebensmotto sollte sein:

»Ich nutze das Leben, finde mein Glück und meine Liebe – denn wo Liebe ist, ist keine Angst.«

Für dieses fließende Gefühl sind wir auf der Erde. Wir benötigen es im irdischen Leben wie auch im Jenseits, in den geistigen Welten. Das wahre Glück erlebt man im Gefühl, nichts festhalten zu wollen. Festhalten ist Angst, Loslassen ist Liebe. Liebe ist Freiheit, Freiheit ist Glück. Wir können nichts im Außen festhalten oder kontrollieren, denn alles ist vergänglich, außer der Seele und dem Geist.

Diese Haltung erfordert Vertrauen ins Leben und in die Schöpfung. Fangen Sie hier und jetzt, mit jedem einzelnen Atemzug, damit an. Wir leben nicht, um zu kämpfen und irgendwann zu sterben, sondern wir leben, um uns zu entwickeln. Die Qualität bestimmt jeder mit seinem freien Willen selbst, denn es kommt darauf an, aus welcher inneren Lebenseinstellung heraus wir unser Dasein gestalten. Wenn wir uns selbst Vertrauen schenken, dann fühlen und wissen wir, wie wir unser Leben liebevoll und friedvoll meistern können. Es kommt ausschließlich auf jeden selbst an. Fangen Sie jetzt damit an! Leben Sie frei und glücklich im Gottvertrauen!

Was ist Selbstliebe?

Selbstliebe bedeutet, sich selbst zu genügen, ohne Ansprüche an andere zu stellen. Achten Sie darauf, dass Sie Ihr Herz in erster Linie für sich selbst öffnen und darüber in eine geistige Anbindung gelangen. Denn dann sind Sie so stark in sich, dass Sie mit offenem Herzen auch anderen Menschen begegnen können, ohne verletzt zu werden. Immer wenn Sie sich in einer kritischen Phase befinden, erinnern Sie sich daran, dass Sie Ihr Herz noch mehr für sich selbst öffnen und Gott und die Engel Sie begleiten.

Selbstliebe ist ein Bewusstseinszustand, ein Gefühl, mit sich im Reinen zu sein, seine Schwächen und Stärken liebevoll anzunehmen, das heißt auch, in der Lage und so weise zu sein, seine Schwächen zu erkennen. Dann kann man sie auch als das betrachten, was sie sind – Schwächen sind nur dazu da, damit die eigenen Stärken noch weiterwachsen können.

Im Zustand der Selbstliebe gibt es keine Polarität oder Resonanz, kein Ringen mit den Dingen. Man lebt vielmehr im Frieden mit sich und dem Leben.

Wie weit soll und darf der Mensch sich selbst lieben, und wo ist die Grenze zum Egoismus?

Darf ich mich überhaupt selbst lieben? Diese Frage erschüttert oft Menschen, die durch den Gedanken an Schuld und Sünde vorbelastet sind.

Aber ist die Liebe nicht auch unsere Existenzgrundlage? Wenn wir die Liebe nicht in uns selbst und zu uns selbst empfinden, wie können wir sie dann bedingungslos anderen Menschen und dem Göttlichen schenken? Sobald ein Liebesdefizit in unseren Herzen vorhanden ist, erwarten wir die Liebe von außen. Und wenn wir sie geboten bekommen, sind wir nicht unbedingt in der Lage, sie auch anzunehmen. Wenn unser Inneres nämlich an den Mangel glaubt, so kann es auch nicht die Fülle im Außen erkennen und annehmen.

So, wie der Mensch mit sich umgeht, geht er auch mit anderen um. Wie innen, so außen – Mikrokosmos gleich Makrokosmos.

Liebe ist der Weg zu Gott und ein Geschenk Gottes.

Der Mensch sollte die Liebe verinnerlichen und nicht ausschließlich im Außen suchen und dabei in Facetten aufteilen, wie Elternliebe, Partnerliebe, Tierliebe usw.

Zur überpersönlichen All-Liebe kann der Weg nur über die Selbstliebe führen.

Dann erst ist es möglich, auch den Nächsten wirklich erwartungslos lieben zu können. Eine echte partnerschaftliche Liebe ist ohne Selbstliebe nicht möglich. Somit ist die Selbstliebe eine selbstverständliche Notwendigkeit und nichts Egoistisches. Denn wenn man sich selbst liebt, nimmt man ja niemandem etwas weg, sondern bereichert die Menschen mit seiner Liebe, Güte, Harmonie und Kraft.

Gott liebt jeden Menschen bedingungslos, also soll der Mensch es auch selbst tun.

Literatur

Jährlicher SchutzengelKalender. Mit den Engeln durch das ganze Jahr, Tag für Tag geführt und behütet. Knaur MensSana, München

Schutzengel. Wie uns die himmlischen Begleiter zur Seite stehen, Knaur MensSana, München 2010 (inkl. CD mit geführten Meditationen)

Mit den Engeln durch das Jahr: 365 himmlische Botschaften, Knaur, München 2009

Erzengel und das neue Zeitalter: Ihre Kraft für persönliche Beziehungen und Gesundheit nutzen, Knaur MensSana, München 2009 (inkl. CD mit geführten Meditationen)

Heilung mit der Kraft der Engel: Das Praxisbuch zum energetischen Heilen von Körper und Seele, Knaur MensSana, München 2009

Engelkarten: 44 Karten mit Anleitung, Allegria, Berlin 2008

Engel und die neue Zeit, Allegria, Berlin 2008

Vortrag: Die 7 Erzengel, CD, 60 Min.

Vortrag: Himmel und Erde und deren Heilkraft, CD, 60 Min.

Vortrag: Das Jenseits: Aufstieg in den Himmel, CD, 60 Min.

Vortrag: Der Mensch in der Neuen Zeit, CD, 60 Min.

Vortrag: Der Lebensweg und wie uns die Engel dabei begleiten und helfen können, DVD, 65 Min.

Sämtliche Vorträge sind im Eigenverlag der Jana Haas – Kinderhilfe in Russland e. V. erschienen und können dort bezogen werden.

Informationen und Kontakt

JANA HAAS – Kinderhilfe in Russland e. V.

»Jana Haas – Kinderhilfe in Russland e.V.« wurde 2010 von Jana Haas gegründet. Vorrangiges Ziel des Vereins ist es, Kindern in Russland bessere Lebensperspektiven zu ermöglichen. Wir sind auf Sponsoren und Fördermitglieder angewiesen. Alle eingehenden Spenden gelangen zu 100 Prozent, das heißt ohne jeglichen Abzug, zu den Empfängern. Unumgängliche Kosten werden aus Veranstaltungen von Jana Haas finanziert.

Filme von öffentlichen Vorträgen und Botschaften von Jana Haas werden auf der Homepage ihres Kinderhilfswerks unter www.janahaas-kinderhilfe.de zum Ansehen angeboten. Um eine Spende wird gebeten.

Spendenkonto bei der Sparkasse Bodensee
Jana Haas – Kinderhilfe in Russland
Konto-Nr.: 24 66 28 01
BLZ: 690 500 01
IBAN: DE79 6905 0001 00 24662801
SWIFT-BIC: SOLADES1KNZ

Jana Haas – Kinderhilfe in Russland e. V.
Hubenmühle 4; 88634 Herdwangen-Schönach
Fon: 07552-938399 Fax: 07552-938626
www.janahaas-kinderhilfe.de

KONTAKT:

Jana Haas
Cosmogetic Institut
Hubenmühle 4
88634 Herdwangen-Schönach
Fon +49 (0) 7552-938399
Fax +49 (0) 7552-938626
www.jana-haas.de
www.janahaas-kinderhilfe.de